김인중 목사의

희망도시 선포

To.

From.

김인중 목사의
희망도시 선포

초판인쇄일 | 2014년 2월 25일
초판발행일 | 2014년 3월 1일

지 은 이 | 김인중
편   저 | 조성의
펴 낸 이 | 배수현
디 자 인 | 박수정
제   작 | 송재호
홍   보 | 권재흥

펴 낸 곳 | 가나북스 www.gnbooks.co.kr
출 판 등 록 | 제393-2009-000012호
전   화 | 031) 408-8811(代)
팩   스 | 031) 501-8811

ISBN 978-89-94664-61-3(03230)

김인중 목사의

희망도시

선포

Prologue ... **008**

Part 01. 서로의 가능성을 발견하라 ... **017**

　+ 서로의 가능성을 인정하고 있는가 　　　　　　　　　　// 019

　+ 가능성을 발견하는 방법 1 : 그가 있음에 감사하라 　　// 024

　+ 가능성을 발견하는 방법 2 : 그를 위하여 기도하라 　　// 027

　+ 가능성을 발견하는 방법 3 : 그 때문에 기뻐하라 　　　// 032

　+ 가능성을 인정하면 내가 먼저 변한다 　　　　　　　　// 035

Part 02. 서로 소중히 여기라 ... **039**

　+ 서로 소중히 여기고 있는가 　　　　　　　　　　　　// 041

　+ 서로 소중히 여기는 비결 1 : 서로에게 인격과 예의를 갖추라 // 044

　+ 서로 소중히 여기는 비결 2 : 서로를 가족처럼 여기라 　// 051

　+ 소중히 여기는 마음은 희망 공동체의 기초다 　　　　　// 056

Part 03. 서로 배려하라 ... **061**

　+ 서로 배려하고 있는가 　　　　　　　　　　　　　　// 063

　+ 서로 배려하는 비결 1: 최선을 다하라 　　　　　　　// 065

+ 서로 배려하는 비결 2 : 전통에 매여 판단하지 말라   // 072

+ 하나님을 기쁘시게, 사람을 기쁘게   // 076

Part 04. 서로 봉사하라 ... 079

+ 서로 봉사하고 있는가   // 081

+ 부르심 앞에 서는 자세 1 : 순종   // 084

+ 부르심 앞에 서는 자세 2 : 같은 마음   // 086

+ 부르심 앞에 서는 자세 3 : 기쁨   // 091

+ 봉사는 그리스도의 몸을 세운다   // 095

Part 05. 약자의 마음을 이해하라 ... 097

+ 약자의 마음을 이해하고 있는가   // 099

+ 약자를 향한 선택 1 : 낮은 곳   // 102

+ 약자를 향한 선택 2 : 십자가   // 110

+ 예수님처럼 선택하면 미래가 아름답다   // 114

Part 06. 나눔과 섬김으로 풍성하라 ... 117

+ 나누고 있는가, 섬기고 있는가   // 119

+ 풍성한 나눔과 섬김 1 : 나눔과 섬김을 계속하라 // 122

+ 풍성한 나눔과 섬김 2 : 향기로운 제물을 소망하라 // 129

+ 나눔과 섬김은 하늘 창고를 활짝 연다 // 134

Part 07. 희망을 굳게 잡아라 ... 137

+ 희망을 굳게 잡고 있는가 // 139

+ 희망을 굳게 잡는 비결 1 : 예수의 피 // 142

+ 희망을 굳게 잡는 비결 2 : 공동체 // 148

+ 우리는 오늘도 희망을 닦는다 // 153

Part 08. 나 자신을 사랑하라 ... 155

+ 나 자신을 얼마나 사랑하고 있는가 // 157

+ 나 자신을 사랑하는 비결 1 : 나는 하나님의 형상이다 // 160

+ 나 자신을 사랑하는 비결 2 : 내게는 다스리는 권세가 있다 // 167

+ 깃발은 흔들릴 때 더 아름답다 // 172

Part 09. 올바른 사랑을 표현하라 ... 175

+ 올바른 사랑을 표현하고 있는가 // 177

+ 올바른 사랑법 1 : 형제를 미워하지 말라   // 180

+ 올바른 사랑법 2 : 형제의 궁핍함을 도우라   // 188

+ 사랑은 표현하는 거야   // 192

Part 10. 끝까지 인내하라 ... 195

+ 끝까지 인내하고 있는가   // 197

+ 인내 훈련 1 : 최후 승리를 위하여   // 200

+ 인내 훈련 2 : 천국의 상급을 위하여   // 204

+ 인내는 쓰나 열매는 달다   // 211

Part 11. 부모를 공경하라 ... 213

+ 부모를 공경하고 있는가   // 215

+ 부모를 공경해야 하는 이유 1 : 하나님이 보시기에 옳은 일   // 219

+ 부모를 공경해야 하는 이유 2 : 하나님의 약속이 있는 계명   // 223

+ 고상한 이기주의자가 돼라   // 232

Epilogue ... 235

희망의 도시를 만들어 가기 위한, 나의 실천 체크 ... 239

:: 희망도시를 꿈꾸며

  세계 3대 빈민 도시 중 하나인 필리핀의 톤도는 정부에서조차도 포기한 최악의 빈민가이자 우범지대입니다. 3만여 채의 판잣집에서 살아가는 주민들은 상당수가 극빈층이거나 범죄자들로 이 도시에서는 하루에도 몇 번씩 총기사고가 일어나고 인신매매를 통한 장기 적출 사건이 빈번하게 일어나고 있습니다. 게다가 마을은 온통 쓰레기로 뒤덮여 있어서 쓰레기 위에 마을이 존재한다고 봐도 무리는 아닙니다. 가난한 톤도의 아이들은 하루 종일 쓰레기 더미에서 돈이 될 만한 것들을 찾으며 하루하루를 연명하고 있었습니다. 이런 사람들에게 꿈과 희망을 이야기한다는 것은 현실과는 동떨어진 다른 나라 이야기였습니다. 이들에게 당장 급한 것은 죽지 않고 하루를 버틸 수 있게 할 빵 한 조각이었습니다.

  그런데 최근 이 도시에 기적과 같은 일이 일어나고 있습니다. 톤도에서 태어나고 자란 아이들이 필리핀 최고의 명문 대학을 졸업하고 유수의 기업으로 스카우트되고 있습니다. 더 놀라운 일은 대기업의 스카우트 제의를 뿌리치고 다시 톤도로 돌아와서 아이들을 가르치고 그 아이들에게 꿈과 희망을 심어주고 있다는 사실입니다. 그리고 이들을 통해 톤도는 점점 희망의 도시로 변화되고 있습니다. 세상의 대부분의 사람들이 잘 먹고 잘살기 위해서 기를 쓰고 공부하는 이 시대에 안락한 삶을 포기하고 하루도 살고 싶지 않은 톤도로 다시 돌아온다는 것은 결코 쉬운 일이 아닙니다.

어떻게 이런 놀라운 변화가 이 도시에 일어난 것일까요? 희망의 씨앗이라고는 한 톨도 찾을 수 없었던 톤도의 변화는 김숙향이라는 한국 선교사에게서 시작되었습니다. 그녀는 13년 전 톤도에 파송되어 가난한 어린아이들에게 희망의 씨앗을 심는 일을 시작했고 그 씨앗이 자라 이제 열매를 맺고 있는 것입니다. 김숙향 선교사가 처음 톤도에서 도시 변화를 시도했을 때 핍박과 고생은 이루 말할 수 없을 만큼 혹독했습니다. 그야말로 죽을 고비도 여러 차례. 그러나 지금은 김숙향 선교사가 세운 교육센터를 톤도 시민들이 직접 운영하며 아이들을 가르쳐 필리핀을 대표하는 훌륭한 인재를 키워내고 있습니다. 한 사람의 수고와 눈물이 13년 만에 한 도시의 위대한 변화를 만들어 낸 것입니다.

저는 톤도의 기적을 보면서 제가 살아왔던 지난날들이 떠올랐습니다. 35년 전 우리도 희망을 이야기하기 힘든 시절이 있었습니다. 그러나 하나님은 우리에게 꿈을 주셨고 그 꿈이 현실이 되게끔 우리를 이끌어 오셨습니다. 흔히 안산이란 "안 산다, 안 산다면서 어쩔 수 없이 살게 되는 도시"라고들 했습니다. 그런데 지금은 어떻습니까? 그런 오명은 온데간데없이 사라지고 기업과 연구소가 모여드는 희망의 도시로 변모하였습니다. 먹고사는 문제만 해결됐으면 하는 마음으로 전국 팔도에서 몰려든 사람들이 주류이던 작은 도시가 지금은 희망의 도시요, 교육의 도시로 새로워진 것입니다.

그 중심에 우리교회가 있었습니다. 1990년 초반만 해도 경제적 여유가 조금만 생기면 사람들은 자녀들의 교육을 위하여 서울, 과천, 수원 등지로 떠나갔습니다. 안산에 사업장이 있어도 자녀들의 교육을 위해 부모들은 불편함을 참고 이사를 떠나버렸습니다. 그런데 지금은 외지 사람들이 자녀 교육을 위해 안산으로 이사를 옵니다. 이유는 우리가 세운 동산고등학교에 입학시키기 위해서입니다. 개교 한지 10년도 채 되지 않아 전국에서 손꼽히는 명문학교가 된 동산고는 이처럼 도시의 지형까지 바꾸어 버렸습니다.

김숙향 선교사가 세운 톤도 교육센터처럼 우리 역시 학교를 설립하며 겪은 어려움은 이 지면에 다 담을 수 없을 만큼 많습니다. 그러나 분명한 것은 우리는 단 10년 만에 동산고등학교를 전국 최고의 명문학교로 만들어 냈다는 것입니다. 지금까지 동산고등학교는 일만 명에 가까운 졸업생을 배출했습니다. 처음에는 예수님이 누군지도 모르고 들어온 학생들이었습니다. 하지만 학교에 들어와 3년간 지성과 신앙으로 훈련받았고, 졸업할 때는 세상을 변화시킬 기독교 인재가 되어 나갔습니다. 지금도 해외에 나가면 어디서든지 동산고 학생들을 만날 수 있습니다. 미국과 유럽의 유수한 대학의 석박사 과정에서, 굴지의 대기업에서, 이 나라를 움직이는 공직사회에서 세상을 변화 시키는 거룩한 사명을 감당하고 있습니다. 이 중심에 우리교회가 서 있는 것입니다.

우리는 지난 35년간 '나눔과 섬김으로 세상을 살리자'는 사명으로 힘차게 달려왔습니다. 지난 시간들을 돌아볼 때마다 하나님께 감사하고 동산교회 성도들에게 무한 감사합니다. 그동안 참 수고하셨습니다. 우리가 눈물로 씨를 뿌렸기 때문에 오늘 기쁨으로 그 단을 거두고 있다고 생각합니다. 여러분이 주님을 위해 헌신하지 않았다면 오늘의 열매는 없었을 것입니다.

그러나 저는 우리의 사명이 여기서 끝났다고 생각하지 않습니다. 하나님께서 우리에게 주신 비전은 여전히 불타오르고 있습니다. 지금까지 큰일을 행하고 승리를 거두기는 했지만 최후 승리는 여전히 우리가 바라봐야할 저 멀리에 있습니다. 특히 이 도시를 거룩한 도시, 聖市로 만드는 일의 마침표를 찍기 위해 우리는 멈추지 말고 달려가야 합니다.

:: 톤도의 가치를 우리의 가치로

필리핀 톤도의 교육센터에는 여섯 가지 철학을 가지고 가르칩니다. 저는 이 여섯 가지의 철학을 우리의 것으로 만들기 원합니다.

첫째, 나라와 지역사회를 사랑한다.

톤도 교육센터에서는 시민들에게 자신이 살아가는 지역 사회와 나라를 아끼고 사랑하는 마음을 가르칩니다. 자신이 살아가는 지역사회와 나라를 사랑하지 않는 사람은 자기중심적으로 살게 되고 그런 사람은 절대로 거룩한 꿈을 꿀 수 없기 때문입니다.

둘째, 자기 자신만을 위해서 사는 것은 불행한 삶이다.

톤도 교육센터에서 교육 받은 아이들은 필리핀 최고의 대학을 졸업한 후에 자발적으로 다시 톤도로 돌아옵니다. 그리고 자신처럼 불행한 삶을 살고 있는 아이들에게 꿈을 심고 세상을 이기는 실력을 기르도록 돕습니다. 그렇게 사는 이유는 '나만을 위해 사는 것은 불행한 일'이라는 인생의 가치관이 분명하게 정립되었기 때문입니다. 혼자 빨리 가는 것보다는 함께 멀리갈 수 있도록 가르쳤기에 톤도의 기적이 지속될 수 있었습니다.

셋째, 인생의 멋은 가치 있는 삶이다.

톤도 교육센터는 시민들과 자라나는 세대에게 나 혼자 잘 먹고 잘 사는 것은 가치 없는 일이라는 것을 가르치고 그들이 스스로 가장 가치 있는 일을 선택하도록 돕습니다. 그래서 편안한 삶이 아닌 의미 있는 삶을 살 수 있게 인도합니다.

넷째, 무엇이 되는 것이 중요하지 않고 어떻게 사는 것이 중요하다.

높은 위치에 올라가고 영향력을 갖는 것이 다가 아닙니다. 중요한 것은 그 영향력을 어떻게 사용하는지를 아는 것입니다. 얻은 지위와 힘을 오직 자신만을 위하여 사용한다면 사람들이 불행해 질 뿐 아니라 그도 불행하다는 것을 가르치는 것입니다.

다섯째, 지속적으로 '내가 좋아하는 것이 무엇인가'를 고민하고, '내게 주어진 재능은 무엇인가'를 생각한다.

늘 '내가 좋아하는 것'과 '내게 주어진 재능'을 고민하지 않으면 결국 남이 시키는 것을 하며 살게 됩니다. 무엇이 옳고 그른지 생각하지 않고 살다보면 선과 악을 판단해야 할 때 잘못된 결정을 내릴 수밖에 없습니다.

여섯째, 좋아하는 것과 재능을 발견해서 그것을 즐겨라.

단지 돈을 많이 벌거나 사람들에게 인정받기만 하면 되는 마음으로 자신의 진로를 결정한다면 그 인생은 원하는 바를 이뤘다 하더라도 불행합니다. 높은 지위가 나 자신과 모두를 행복으로 이끌 수 없습니다. 자기가 잘 할 수 있고 즐거워하는 일에 충실할 때 행복에 가까워집니다.

저는 톤도 교육센터의 여섯 가지 철학을 어떻게 우리에게 접목시켜 교회와 이 도시의 더 나은 미래를 준비할 수 있을까 고심하며 교회를 향한 메시지를 준비했습니다. 그들의 철학이 우리의 철학으로 승화된다면 교회는 하나님이 더 기뻐하시는 교회가 될 것이고 우리 때문에 도시는 희망이 움트고 더 행복한 도시가 될 수 있을 것이라고 확신합니다.

:: No Cross, No Crown

영어 속담에 "No Cross, No Crown"이라는 말이 있습니다. 십자가 없이는 영광도 없다는 뜻입니다. 무슨 일이든 모든 결과에는 사전에 그 대가가 지불되어야 합니다. 무료급식소의 급식도 먹는 사람의 입장에서는 무료겠지만 실상 그 음식 값은 누군가가 이미 지불한 것입니다. 희망으로 가득한 도시가 되려면 희망의 씨앗을 던지는 누군가가 있어야 합니다. 그것이 우리에게 지금까지보다 더 큰 십자가가 될 수도 있습니다. 그러나 그 십자가는 우리를 행복으로 이끌 뿐 아니라 우리가 살아가는 도시와 그 도시 안에 함께 살아가는 이웃들을 행복으로 인도할 것입니다.

"무리와 제자들을 불러 이르시되 누구든지 나를 따라오려거든 자기를 부인하고 자기 십자가를 지고 나를 따를 것이니라" 마가복음 8:34

예수 그리스도께서 교회를 세우실 때 십자가로 세우신 것처럼 우리들도 십자가가 아니고서는 온전한 교회를 세울 수 없습니다. 그러나 힘은 들었지만 온전한 교회를 세우기만 하면 그 교회는 도시를 변화 시킵니다. 우리가 십자가를 지면 그 십자가의 능력이 사람들에게 희망이 됩니다. 필리핀 정부도 포기한 톤도는 한 무명의 선교사, 한 사람의 헌신으로 꿈을 품었고 마침내 희망의 도시가 되었습니다. 저는 우리의 도시도 그렇게 될 수 있다고 믿습니다. 이미 제가 사는 안산은 그러한 변화를 경험하고 있다고 자부합니다.

교회는 조직, 프로그램, 재물 등으로 움직이지 않습니다. 세상 조직들은 문제가 생길 때마다 구조조정을 시도 합니다. 프로그램을 바꾸고, 조직을 바꾸고, 사람을 바꿉니다. 그러나 교회의 회복은 십자가의 헌신, 십자가의 희생, 십자가의 눈물로만 가능합니다. 마음과 뜻과 목숨을 다하여 하나님과 이웃을 사랑하는 십자가가 있어야 합니다. 아무리 비싼 씨, 희귀한 씨, 큰 씨앗이 있어도 땅에 떨어져 죽지 않으면 그대로 있습니다. 그러나 한 알이라도, 나 하나라도 땅에 떨어져 죽으면, 그래서 땅에 녹으면 많은 열매를 맺습니다.

하나님은 그리스도의 몸 된 교회가 땅 끝까지 복음을 증거하여 온 세상에 하나님의 백성들로 충만하게 되기를 원하십니다. 세상의 모든 영역이 하나님의 말씀으로 다스려지기를 원하십니다. 가난과 질병과 수많은 고통으로 눌리고 소망 없는 자들의 자유를 위하여

저와 여러분을 부르셨습니다. 이 거룩한 부르심에 마땅히 헌신하고
이 영광스런 사명을 주님 오실 때까지 이어가기를 기대합니다.

김인중 목사

서로의
가능성을
발견하라

서로의 가능성을
발견하라

IIIII 서로의 가능성을 인정하고 있는가

　세계 5백대 기업에 인사 조직 관련 컨설팅을 하고 있는 '타워스 페린'이라는 회사가 있습니다. 이 회사에서 최근 한국, 일본, 미국 등 16개국의 직장인을 대상으로 실시한 설문조사 결과를 발표했습니다. 언론에는 충격적인 내용만 발표된 것인지 몰라도 한국의 직장 인들은 16개국 중에서 업무 스트레스를 가장 많이 받고, 상사에 대한 불만도 가장 심한 것으로 나왔습니다. 10명 중 7명이나 자신의 상사에 대하여 존경할 수 없다고 답했다고 하는데 상사에 대한 불만 중 가장 큰 이유는 '시켜보지도 않고 무시하거나, 사소한 것까지 참견하고 가르치기 때문'이라고 답했습니다.

　왜 상사들은 이렇게 행동한 것입니까? 자기와 함께하는 이들의 가능성 자체를 인정하지 않았기 때문입니다. 가능성을 인정하지 못하면 기회를 주지 않게 되고 기회를 준다한들 늘 의심의 눈초리로 쳐다봅니다. 그리고 그런 관계에서는 서로 간에 불신이 쌓이게 되죠. 그렇게 서로를 불신하는 관계에서 존경과 신뢰란 기대할 수 없는 것들입니다. 누구도 여기서 자유로울 수 없을 듯합니다. 통계대로라면 이 글을 읽고 있는 분들 중 자신의 상사와의 깨어진 관계 때문에 치를 떠는 분이 상당히 많을 것입니다. 그리고 그렇게 존경받지 못하는 상사들도 이글을 대할 것입니다.

그 깨어진 관계가 교회 공동체 안에 그대로 들어와 있습니다. 교회도 사람이 모이는 곳입니다. 그래서 서로 간에 맺어지는 다양한 관계망으로 공동체는 형성됩니다. 그런데 만약 서로의 가능성을 인정해 주지 않는 풍토라면 어떤 일이 일어납니까? 어떤 집사님은 어떤 장로님 때문에 치를 떨지도 모릅니다. 어떤 평신도는 어떤 목사님 때문에 화가 날지도 모릅니다. 그런 공동체가 어떻게 행복할 수 있을까요? 서로 간에 가능성을 인정해 주지 않는 풍토에서는 행복을 기대할 수 없습니다.

사람은 어느 누구를 막론하고 자신의 가능성을 인정해 주는 사람을 좋아합니다. 가능성을 인정했다는 것은 그 만큼 관심을 가졌다는 것을 의미하고 관심은 공동체의 연대의식을 높여 줍니다. 그리고 연대 의식이 높은 공동체는 반드시 힘을 발휘하고 구성원은 마음의 행복을 느낄 수밖에 없습니다. 가정이든, 교회든, 회사든 다 똑같습니다. 따라서 행복한 공동체를 원한다면 서로에게 관심을 가져야 합니다. 그리고 그가 가진 가능성에 긍정적 마음을 품어야 합니다.

아무리 못난 사람도 그 안에 하나님의 가능성이 있습니다. 그래서 그 가능성만 깨우면 무슨 일이든지 할 수 있습니다. 흔히 싹수가 없다는 말을 쓰는데 이는 매우 비성경적인 말입니다. 싹수가 없는 것이 아니라 싹이 아직 나지 않았거나 보는 이의 안목이 부족해서 이미 나온 싹을 발견하지 못한 것입니다. 왜냐하면 사람은 하나님이 만든 최고의 피조물이기 때문입니다. 지음 받을 때부터 하나님의 형상과 모양대로 지음 받았기에 사람은 그 자체로 충분한 가능성을 내재하고 있습니다.

누구든지 이 가능성을 부정한다면 그는 하나님의 능력을 제한하는 불충한 사람입니다. 이사야 43장 7절에 "내 이름으로 불려지는 모든 자 곧 내가 내 영광을 위하여 창조한 자를 오게 하라 그를 내가 지었고 그를 내가 만들었느니라"고 말씀합니다. 모든 사람은 하나님의 영광을 위하여 만들어진 존재이며 그 안에는 하나님의 형상이 담겨 있습니다. 그래서 우리는 어떤 상황에서도 사람에게서 하나님의 가능성을 발견해야 하는 것입니다.

저는 실패한 사람들을 많이 만납니다. 그 실패가 자신도 어찌할 수 없는 외적인 요인 때문인 경우도 있지만 때로는 자신의 무지함,

실수, 악한 습성 등에 의하여 일어날 때도 있습니다. 그런데 후자의 사람 중에 너무 큰 죄책감에 시달린 나머지 자살을 시도하고 오는 경우도 있습니다. 그 때마다 제가 하는 일은 그 안에 아직 드러나지 못한 가능성을 깨우는 일입니다. 제 자신도 그랬습니다. 25살 되기 전에 딱 죽고 싶었습니다. 그런데 예수 만나고 나니 내 자신이 그렇게 새로워 보이고 사랑스러울 수가 없었습니다. 무엇이든지 할 수 있을 것 같았습니다. 저는 예수님으로 인해 내 안에 잠재된 가능성을 발견한 것입니다. 그 가능성을 발견하고 지금까지 행복한 전도자로 살아왔습니다.

만약 스스로에게 실망했다면 지금 당장 거울을 보고 자신에게 외치십시오.

"OOO야! 너는 하나님의 가능성이야!"

만약 가족이나 직장 동료나 가까운 사람에게 실망했다면 그의 이름을 떠올리고 외치십시오.

"당신은 하나님의 가능성으로 가득합니다. 그 가능성을 제게 보여 주세요!"

우리는 나 자신 그리고 우리가 만나는 사람들에게서 가능성을 발견하려는 마음을 품어야 합니다. 현재 어떤 형편에 있든지, 무슨 행동을 했든지 간에 하나님이 모태에서부터 심어 두신 가능성을 발견하고자 노력해야 합니다. 혹시 마음속에 부정적인 생각이 찾아온다면 그건 단언컨대 하나님의 음성이 아닙니다.

"나는 무엇을 해도 안 되는 사람이야."

"저 사람은 안 돼. 싹수가 없어."

하나님은 우리를 향해 단 한 번도 이렇게 말씀하신 적이 없습니다. 재수가 없다고요? 싹수가 안 보인다고요? 절대 그럴 리가 없습니다. 하나님이 만드신 피조물 중 최고인 우리에게 그건 불가능합니다. 분명히 가능성이 있습니다. 반드시 있습니다. 우리 눈에 안 보일 뿐입니다. 단지 안 보일 뿐 하나님의 말씀이 있다고 하시기 때문에 반드시 있는 것입니다. 불확실한 때는 가장 확실한 것을 믿으십시오. 어떤 상황에서도 가장 확실한 것은 하나님의 말씀입니다. 말씀이 있다고 하면 내 마음에는 영 없어 보여도 있는 것입니다. 눈에 보이는 걸 믿지 말고 하나님의 말씀을 믿어야 합니다.

만약 여러분이 가족, 교인들, 직장 동료들의 가능성을 발견하는 방법을 배운다면 여러분의 삶은 역동으로 넘치게 될 것입니다. 무슨 일을 하든지 매우 훌륭한 아군을 얻게 될 것입니다. 소속된 공동체에서 행복을 경험하게 되며, 희망으로 부풀게 됩니다. 그리고 그런 행복한 공동체의 집합은 마침내 우리가 사는 이 도시를 희망의 도시로 바꾸어 낼 것입니다.

　　사도 바울은 각처를 다니며 복음을 전하는 동안 수많은 사람을 만났습니다. 그리고 그들 중 어떤 이는 복음의 적극적인 후원자가 되었습니다. 그 중 한 사람이 골로새교회를 맡아 사역했던 빌레몬입니다. 빌레몬은 평신도 지도자였지만 그 누구 못지않게 교회를 성심으로 섬기며 바울을 도왔습니다. 그런 빌레몬을 향하여 바울은 '우리의 사랑을 받는 자요 동역자'라는 표현을 써가며 빌레몬에게 얼마나 큰 애정을 가지고 있었는지를 표현합니다. 그런데 빌레몬은 날 때부터 그렇게 사랑스런 사람이었을까요? 빌레몬도 바울을 만나기 전에는 많은 재산을 흥청망청 쓰며 살아가는 로마 귀족 중 하나였습니다. 그런데 바울을 만나 영생의 비밀을 발견하고 주의 종으로 헌신했습니다.

　　어떻게 빌레몬은 세상 부귀영화 다 버리고 이처럼 아름다운 주의 종이 될 수 있었습니까? 그를 변화시킨 것은 무엇입니까? 그 변화의 중심에 바울이 있었습니다. 무엇보다 사람을 대하는 바울의 태도! 어떤 사람을 만나도 하나님의 가능성이 있음을 믿고 감사하는 그의 태도가 사랑스런 빌레몬, 동역자 빌레몬을 만들었다고 믿습니다.

　　저는 바울의 사람을 대하는 태도를 좋아합니다. 바울은 빌레몬뿐 아니라 어떤 사람을 만나도 그에게서 좋은 점을 보려고 했습니다. 사실 사람이 언제나 좋을 수는 없습니다. 누구나 긍정적인 면과

부정적인 면을 다 가지고 있습니다. 그래서 부정적인 부분을 보면 부정적인 사람으로 보이게 되어 있습니다. 그런데 바울은 사람의 부정적인 부분을 보지 않았습니다. 누구를 만나도 좋은 점만 보려고 했습니다. 누구를 만나도 긍정적으로 대하려고 노력했습니다. 심지어 자신을 박대하는 사람들까지도 그에게는 감사의 대상이었습니다.

초대교회 중 고린도교회는 여러 가지 문제를 일으켜 바울에게 근심거리였습니다. 게다가 고린도교회는 바울의 사도성까지 의심하는 교회였습니다. 이 정도면 배은망덕 아닙니까? 하지만 바울은 그런 고린도교회를 비난하지 않았습니다. 고린도교회를 향해서도 "당신들에게 하나님의 은혜가 있어 제가 얼마나 기쁜지 아십니까? 저는 여러분들을 위하여 하나님께 항상 감사합니다."라고 격려했습니다.

"그리스도 예수 안에서 너희에게 주신 하나님의 은혜로 말미암아 내가 너희를 위하여 항상 하나님께 감사하노니" 고전 1:4

바울에게 사람은 감사의 대상이었습니다. 당장은 문젯거리일지 몰라도 예수 그리스도로 인하여 반드시 새롭게 변할 것이라 기대했습니다. 감사의 눈앞에는 부정적인 모든 것을 가리는 막이 있습니다. 좋은 점, 기대감, 앞으로 변하여 새롭게 될 것만 보입니다. 어떤 사람을 만나도 감사하는 바울은 사람에게서 잠재된 가능성을 보앗고 그 가능성은 또다시 바울을 감사하게 했습니다. 긍정의 선순환이 일어난 것입니다. 주어진 상황은 같습니다. 그 상황을 감사의 눈으로 보면 계속해서 감사할 일이 생깁니다. 선순환이 만들어지는 것입니다. 그러나 똑같은 상황도 원망의 눈으로 보면 계속해서 불평할 일만 생깁니다. 악순환의 고리가 만들어지는 것입니다.

사람을 대하는 태도에 변화를 주십시오. 어떤 누구에게도 부정적인 생각은 제거하십시오. 저 사람은 안 된다고 말하지 마십시오. 변화된다고 믿고 감사하세요. 부정적인 생각은 부정적인 말을 하게하고 부정적인 말은 여러분의 행동을 제한시킵니다. 생각의 전환을 끌어내야 합니다. 누구를 만나도, 그가 여러분의 마음에 흡족하지 않아도 하나님이 하신다고 믿고 감사하십시오. 그러면 이전에 보이지 않던 것들이 보이게 될 것입니다. 뭘까요? 가능성입니다. 현재는 형편없을지라도 앞으로 될 것 같은 미래가 보인다는 것입니다.

사람을 움직이는 데는 큰돈이 들지 않습니다. 말 한마디로 가능합니다.

"당신이 있어서 좋습니다."

"그대가 있음에 감사합니다."

"저와 함께 하다니 정말 고맙습니다."

감사의 말은 사람을 움직입니다. 사람에게 변화를 일으킵니다. 그 사람 안에 가능성을 촉진시키는 것입니다. 사람을 변화시키고 싶다면 여러분의 태도에 먼저 변화를 주십시오. 서로서로 감사하십시오. 그러면 서로가 서로에게서 잠재된 가능성을 보게 될 것이고 그 가능성은 우리를 기대감 넘치게 할 것이며 행복한 공동체를 만들 것입니다.

IIIII 가능성을 발견하는 방법 2 : 그를 위하여 기도하라

로마의 식민지에서 평범하게 살아가던 귀족 빌레몬은 바울을 만난 후에 예수 그리스도께 철저하게 헌신했고 후에 골로새교회의 감독이 되었습니다. 그리고 BC 60년 경, 네로의 박해 때 돌에 맞아 순교한 것으로 전해지고 있습니다. 자신만을 위해 살던 로마의 귀족이 이처럼 신실한 주의 종으로 살다가 죽을 수 있었던 것은 빌레몬의 가능성을 위하여 기도의 끈을 놓지 않았던 바울이 있었기 때문입니다.

"내가 항상 내 하나님께 감사하고 기도할 때에 너를 말함은" 빌레몬서 3절

바울은 기도의 자리에서 항상 빌레몬을 떠올렸습니다. 바울이 보기에 아직 부족했을지 모릅니다. 이제 막 복음을 받고 신앙 생활하

는 초대교회 신자가 완전하면 얼마나 완전했겠으며, 그의 신앙이 훌륭하면 또 얼마나 훌륭했겠습니까? 바울 보기에는 많이 부족했을 것입니다. 하지만 바울은 그런 빌레몬이었지만 그의 무한한 가능성을 기대하며 기도했습니다. 그를 생각할 때마다 하나님께서 복주시기를 빌었습니다. 빌레몬의 가능성은 바로 바울의 열린 기도를 통해 활짝 피어나게 된 것입니다.

서로의 가능성을 발견하는 방법은 서로 기도해 주는 것입니다. 그렇게 서로 기도해 주면 부족함을 용납하는 마음이 생깁니다. 기도야말로 우리의 마음을 넓히는 가장 좋은 방법입니다. 속상하게 하는 사람이 있습니까? 기도해 보세요. 그러면 용납하는 마음, 긍휼히 여기는 마음, 도와주고 싶은 마음이 생깁니다. 그리고 그런 마음으로 사람을 보면 그가 내 마음에 들지 않는 사람이라 할지라도 그에게서 놀라운 가능성이 있음을 발견하게 됩니다.

포용과 이해는 기도에서 나옵니다. 기도하면 하나님께서 마음을 바꾸시고 변화를 주십니다. 먼저 내 눈을 바꾸시고 상대방의 말과 행동까지 바꾸십니다. 기도야말로 사람을 변화시키는 원천입니다. 그래서 기도의 분량은 상대방에게서 발견하는 가능성의 분량과 비례하는 것입니다. 기도가 부족하면 안목은 좁아집니다. 그러나 기도의 분량이 많으면 어떤 사람이라도 위대한 인물이 될 수 있음을 보는 눈이 열립니다.

혹시 여러분에게 못되게 구는 사람이 있습니까? 가서 콱 쥐어박아 버리고 싶은 사람이 있습니까? 쥐어박아 버리면 속은 시원할지 모르지만 그런다고 문제가 사라지는 것은 아닙니다. 더 큰 주먹이 날아올 뿐입니다. 문제 있는 사람을 대하는 가장 좋은 태도는 기도하는 것입니다. 누구든 먼저 기도를 시작하십시오. 그러면 상대방도 기도하게 됩니다. 그렇게 서로 기도하는 중에 엉켰던 실타래는 풀어지고 축복의 관계, 행복한 공동체가 만들어집니다. 기도하는 것이 꼬인 관계를 푸는데 당장 도움이 안 되는 것처럼 보이겠지만 그것이 가장 빠른 방법입니다.

관계의 불편함이 있다면 다윗의 마음을 품으십시오. 다윗은 자신을 죽이려고까지 했던 사울에게 같은 방식으로 반응하지 않았습니다. 힘들고 고통스러울 때 기도의 자리로 가서 자신의 마음을 내어 놓았습니다. 사실 얼마나 속이 상했겠습니까? 분하고 억울했습니다. 하지만 다윗은 그 속상한 마음을 가지고 하나님 앞에 나아가 기도로 풀었습니다. 그래서 다윗의 시를 보면 초반부에는 억울한 하소연으로 가득합니다. 그런데 시의 끝으로 갈수록 어떻습니까? 하나님이 주시는 평안을 누리고 용서하고 다시 힘을 내어 주의 일에 충성합니다. 그렇게 사울을 위하여 기도하는 다윗은 마침내 사울에게 인정을 받고 말았습니다. 기도했던 다윗은 사울에게 왕으로서의 가능성을 인정받게 된 것입니다. 결국 역사는 상대방을 위하여 기도

하는 사람을 승자로 만들어 줍니다.

"사울이 다윗에게 이르되 내 아들 다윗아 네게 복이 있을지로다 네가 큰 일을 행하겠고 반드시 승리를 얻으리라 하니라 다윗은 자기 길로 가고 사울은 자기 곳으로 돌아가니라" 사무엘상 26:25

여러분을 힘들게 하는 사람을 만날 때 기도로 승리하십시오. 고통을 성숙의 기회로 삼고 이겨내시기 바랍니다. 우리가 기도하면 성령님도 우리를 돕는다고 하셨습니다. 바울은 로마서 8장 26절에 "이와 같이 성령도 우리의 연약함을 도우시나니 우리는 마땅히 기도할 바를 알지 못하나 오직 성령이 말할 수 없는 탄식으로 우리를 위하여 친히 간구하시느니라."고 말씀합니다. 너무 속상해 기도할 마음이 없어도 그 마음을 이기고 주님께 나아가 신음하면 성령님이 친히 간구하사 우리의 심령을 넓히시고 이전에는 믿음을 주지 못했던 사람에게서 앞으로 하나님이 행하실 일을 보게 하십니다. 그래서 기도는 사람에게서 가능성을 발견하게 하는 비결인 것입니다.

저는 가끔 북미 유학생수련회인 코스타에 가서 말씀을 전할 때가 있습니다. 이 수련회는 세계 열방과 조국을 위해 기도하고자 유학생들이 자발적으로 모이는 집회로 다양하고 많은 강사들이 자비량으로 학생들에게 비전을 심어 주는 수련회입니다. 그런데 이 수련회 강사 중에 유학생 청년 하나 있는데 조현영이라는 스탠포드대학교 졸업생입니다.

이 청년은 한국에 있을 때 반에서 하위권을 맴돌던 별 볼일 없는 학생이었습니다. 어쩔 수 없이 도피성 유학을 떠나게 되었습니다. 그런데 한국에서 형편없던 실력이 미국에 갔다고 달라집니까? 가서 처음으로 본 시험에 빵점을 맞고 그만 실의에 빠졌습니다. 아들이 이러니 어머니가 얼마나 애가 탔겠습니까? 정말 기도하는 것 밖에 할 수 있는 일이 없었습니다. 그런데 기도하면 하나님이 뭔가를 보여주시는 거예요. 뭘 보여주셨을까요? 지금은 보잘 것 없는 빵점짜리 시험지를 붙들고 두려워하는 아이가 세계 열방을 품는 하나님의 종이 되는 꿈을 보여주시는 거예요.

그래서 조현영 학생의 어머니는 결심했습니다. 자녀를 훌륭하게 키울 수 있는 비결은 부모가 붙잡고 동동거리는 것이 아니라 하나님께 자녀의 미래를 맡기고 전심을 다해 자녀를 위하여 기도하는 것이라고 믿고 기도하기 시작했습니다. 가능성의 기도를 시작한 것입니다. 그렇게 시작된 가능성 기도는 오랜 시간이 걸리기는 했지만 마침내 놀라운 결실로 돌아왔습니다. 빵점 맞고 실의에 빠졌던 아이는 살아계신 하나님을 경험하게 되었고 마침내 스탠포드대학교를 전액 장학생으로 입학하게 되었습니다. 그 뿐 아닙니다. 하나님은 가능성에 주목했던 어머니의 기도에 그대로 응답하셔서 조현영 학생을 열방을 품는 주님의 종으로 사용하고 계십니다. 당장은 부족하고 못난 자녀 같았지만 어머니가 가능성 기도에 집중했을 때 잠재된 가능성이 깨어났음을 기억하십시오.

누구라도 마찬가지입니다. 가능성을 발견하고 싶다면 가능성 기도에 주목하십시오. 기도는 참 놀라운 능력이 있는데 기도하면 이전에는 보이지 않던 것들이 보이기 시작합니다. 영적 시력이 향상됩니다. 사람 안에 있는 가능성! 그의 찬란한 미래가 눈에 들어오기 시작합니다. 여러분이 셀 리더라면 지체들을 위하여 기도하십시오. 그러면 가능성 넘치는 셀이 됩니다. 부모라면 자녀를 위하여 기도하십시오. 자녀의 가능성이 솟구치게 될 것입니다. 혹시 마음에 들지 않는 분이 있으십니까? 그분을 위해 오늘부터 가능성 기도를 시작하십시오. 그러면 그 사람에게서 생각지도 못한 가능성을 발견하게 될 것입니다.

IIIII 가능성을 발견하는 방법 3 : 그 때문에 기뻐하라

바울은 빌레몬을 향하여 '당신 때문에 기쁨을 얻고 위로를 받는다'는 격려와 축복을 보냅니다. 바울의 이와 같은 격려를 받은 빌레몬의 마음은 어떠했을까요? 평소에도 존경하는 바울 선생님이 자신에게 이런 마음을 갖고 있다는 생각에 어떻게든지 자기도 바울

의 기쁨이 되고자 노력했을 것입니다.

"형제여 성도들의 마음이 너로 말미암아 평안함을 얻었으니 내가 너의 사랑으로 많은 기쁨과 위로를 받았노라" 빌레몬서 7절

제가 누군가에게 편지를 보내 "형제님! 자매님! 저는 당신 때문에 기쁨을 얻고 큰 위로를 받습니다."라고 했다고 합시다. 그 편지를 받고 분이 "목사님이 뭘 잘못 드셨나? 왜 이런데?" 이러실까요? 아니면 "목사님이 나에게 이런 마음이셨구나. 나도 목사님의 기쁨이 되어야 할 텐데" 이러시겠어요? 분명히 이전보다 더 특별한 관계가 되고 서로가 서로에게 좋은 협력자가 될 것입니다.

바울 주변에 바울의 가능성을 인정하고 그를 돕는 사람이 많았던 이유는 바울의 대인관이 좋았기 때문입니다. 사람을 대할 때 '나에게 기쁨과 위로를 주는 사람'이라고 생각하고 대하니 누군들 바울을 돕고 싶지 않았겠습니까? 바울은 동역자들이 있음에 기뻐하는 사람이었고 그런 대인관은 바울에게 사람들의 가능성을 발견하게 하는 훈련이 되었습니다. 혹시 여러분 주변에 사람이 없는 것 같다면 사람을 대하는 관점에 변화를 주십시오. 그 사람 때문에 기뻐하는 것을 훈련하십시오. 여러분과 동역하는 이들을 기뻐하는 연습을 많이 하십시오. 그러면 사람으로 차고 넘칠 것입니다.

어떻게 사람을 기뻐할 수 있습니까? 기쁨은 기대감에서 나오는 것입니다. 오늘부터 여러분은 기대감 훈련을 하셔야 합니다. 제일 먼저 여러분 스스로를 기대하는 훈련부터 하세요. 먼저 나 자신을 인정하고 나 자신을 기대하는 것에서 시작하십시오. 그러면 자신의 모든 것을 기뻐할 수 있습니다. 자기 자신을 기대하면 인생이 새롭게 됩니다. 그리고 그렇게 자기 자신을 기뻐한 사람은 누구를 만나도 그를 기뻐할 수 있고 그 가운데 가능성은 배가가 되는 것입니다.

오늘부터 시작하십시오. 나 자신이 존재하는 것을 기뻐하고 상대방이 내게 존재하고 있음을 기뻐하는 것을 훈련하는 것입니다. 아내의 존재 자체를 기뻐해 보세요. 평소와 똑같이 차린 밥상인데도 임금님 수라상처럼 느껴질 것입니다. 자녀의 존재 자체를 기뻐해 보십시오. 빵점짜리 성적표를 들고 왔어도 100점짜리 인생의 가능성이 보일 것입니다. 여러분을 위하여 기도해 주시는 부모님을 기뻐해 보십시오. 모셔야 하는 부담감보다 부모님으로 인해 오는 영적 축복의 무게감이 더 크게 다가올 것입니다. 말씀 전하는 목사님을 기뻐해 보십시오. 설교가 조금 길어도 꿀 송이처럼 달게 느껴질 것입니다. 기뻐하면 그렇게 됩니다.

‖‖‖ 가능성을 인정하면 내가 먼저 변한다

우리교회 어떤 집사님의 이야기입니다. 이 집사님 가정에 있어서는 안 될 일이 일어났습니다. 남편이 법적인 문제로 어떤 여자를 상담해 주다가 그만 넘지 말아야 할 선을 넘은 것입니다. 그 사실을 알았을 때 너무 분했답니다. "정말 이것들을 죽여? 살려?" 마음에 끓어오르는 분노 때문에 잠도 못 자고 악한 생각만 들었습니다. 그렇게 몇 날 동안 죽을 만큼 고생을 하는 중에 마음 한편에 이런 생각이 들더라는 것입니다.

"내가 죄인이었을 때 하나님께서 이걸 죽여? 살려? 하셨을까?"

하나님이 만일 자기를 용서해 주지 않으시고 지금 자기가 반응하는 것처럼 했다면 어떻게 되었을 지를 생각하니 갑자기 마음에 미움이 사라지고 불쌍히 여기는 마음이 들게 되었습니다. 집사님은 '그런 남편이라도 있기만 했으면 좋겠다는 사람도 있다는데 있는 것에 감사하고 내가 기도하고 기다린다.'고 결정하고 교구 목사님을 찾아와 자신의 삶에 일어난 일을 나누며 기도 요청을 하는데 교구 목사님의 표현이 "이런 성인군자가 있나"싶더라는 겁니다. 그런 고통스런 날들이 약 한 달 동안 지속되었습니다. 그 한 달 동안 남편이 들어오면 밥상 차려주고 할 수 있는 대로 남편에게 기쁨을 주려고 했습니다. 그런데 그렇게 문제 많은 남편의 존재 자체를 감사하고 그를 위하여 기도하고 볼 때마다 기뻐했더니 약 한 달 만에 남편이 하는 말이 "여보! 내가 잠시 정신이 나갔었나봐. 내가 정말 잘못했소. 다 끊고 다 정리하고 돌아올게. 미안해." 이러더라는 겁니다.

있어서는 안 될 일이었습니다. 참 깊은 상처였습니다. 하지만 실망스런 배우자에게서 눈곱만한 가능성이라도 발견하고자 감사, 기도, 기뻐했더니 하나님께서 기적적으로 남편의 마음을 바꾸시고 부부 간에 회복의 문을 열어 주셨습니다. 이제 이 가정은 잘 회복되고 있습니다. 물론 상처가 깊어 시간이 걸리기는 하겠지만 비 온 뒤에 땅은 더 굳어진다고 건강한 가정으로 세워지리라 믿습니다.

존재가 부담되는 사람을 기뻐하는 것은 쉬운 일이 아닙니다. 그런데 돌려 생각해 보십시오. 우리도 예전에 하나님께 존재가 부담되던 죄인들이었습니다. 그런데 하나님은 우리를 부담스럽게 여기지 않으시고 우리 안에서 가능성을 발견해 주셨습니다.

예레미야 31장 20절 말씀에

"에브라임은 나의 사랑하는 아들 기뻐하는 자식이 아니냐 내가 그를 책망하여 말할 때마다 깊이 생각하노라 그러므로 그를 위하여 내 창자가 들끓으니 내가 반드시 그를 불쌍히 여기리라"라는 말씀이 있습니다.

에브라임 족속, 곧 이스라엘이 하나님을 배신하고 음란하게 우상을 섬겼을 때 하나님은 그들을 내치신 것이 아니라 "그들은 내가 기뻐하는 자식이 아니냐? 내가 비록 그들을 책망할지라도 생각하노라. 불쌍히 여기노라."하시며 품으셨습니다. 하나님께서 그렇게 우리의 가능성을 보셨기 때문에 우리가 주님의 백성이 될 수 있었습니다. 하나님께서 우리의 가능성을 봐주시지 않았다면 우리는 하나님의 심판을 받고 멸망했을 것입니다.

하나님이 그렇게 우리를 돌아보아 주신 것처럼 우리도 서로 감사하고 기도하고 기뻐합시다. 그가 있음에 감사! 그를 위하여 기도! 그 때문에 기뻐하는 우리가 되어 서로가 서로에게 가능성을 발견하고 내가 속한 공동체를 행복한 공동체로 만들어가기를 기대합니다.

서로
소중히
여기라

서로 소중히 여기라

▏▎▍▌ 서로 소중히 여기고 있는가

　세상이 복잡해지면서 사람과 사람 사이의 관계가 그 어느 때보다 중요해 졌습니다. 예전에는 기술만 있으면 굶어 죽지는 않는다고 했지만 지금은 사람과의 관계에 실패하면 굶어 죽기 딱 좋은 시대가 되었습니다. 그래서 그럴까요? 이러한 사회적 요구를 반영하듯 서점에 나가면 좋은 자리에 있는 책들은 거의 다 인간관계를 향상 시키는데 도움을 주는 책들입니다.

　이처럼 처세술과 인간관계기술의 중요성이 부각되면서 가장 주목받는 사람 중 하나가 데일 카네기라는 사람입니다. 그는 인간관계 분야에서 만큼은 금세기가 낳은 최고의 거장입니다. 그가 1937년에 쓴 '인간관계론'이라는 책은 지금까지 무려 6천만권이나 팔렸다고 합니다. 성경 다음으로 많이 팔린 책이 아닐까 생각이 됩니다. 데일 카네기가 이 책에서 말하고자 하는 핵심은 '상대방을 존중하면 결국 나 자신이 존중 받게 되고 모두가 행복하게 된다.'는 것입니다. 상대방의 이름을 외우고 상대방의 관심에 나도 관심을 가지면 마음의 문은 항상 열리는 법입니다. 그리고 서로가 서로를 소중히 여기는 행복한 관계로 발전될 수 있습니다.

우리는 누구나 소중한 사람이 되기를 원합니다. 저 역시 그렇습니다. 그렇다면 답은 간단합니다. 여러분이 먼저 사람을 소중히 여기시면 됩니다. 저는 매일 새벽마다 제 주변 사람들의 이름을 외우고 불러가며 기도하는데 매일 쉬지 않고 한 바퀴씩 돌린다고 해서 '한 바퀴 기도'라고 그럽니다. 저는 가족들, 친구들, 교역자님들, 장로님들, 동산고 선생님들, 제가 전도하거나 전도할 사람들의 이름을 외우고 불러가며 기도합니다. 제가 매일 한 바퀴 기도를 빠뜨리지 않는 이유는 그분들이 제게 소중한 사람들 이기 때문입니다. 그런데 그렇게 기도했더니 제게 어떤 복이 돌아왔을까요? 저는 새벽마다 성도님들이 항상 제 이름을 불러가며 기도하는 것을 생생하게 듣습니다. 제가 사람을 소중히 여기니까 저도 소중히 여김을 받게 된 것입니다.

우리 곁에 있는 사람들은 우리의 경쟁 상대가 아닙니다. 그들은 소중한 친구입니다. 소중히 대하고 위하여 기도해 주십시오. 어떤 사람은 결혼 할 때 주도권을 잡아야 평생이 편하다고 합니다. 잘 못 알아도 한참 잘못 안 것입니다. 결혼은 서로 주도권 잡기 싸움을 시작하는 출발선이 아닙니다. 서로가 서로를 더 소중히 여기기 위하여 함께 살기를 시작하는 날입니다. 남편이 아내를 웬수로 여기면 아내도 남편을 웬수로 여깁니다. 하지만 소중한 내 남편, 소중한 내 아내로 여기면 똑같은 대우를 받게 될 것입니다. 강아지도 예뻐해 주면 주인에게 꼬리를 치지만 발로 걷어차면 볼 때마다 으르렁거리고 기회를 엿보다가 물지 않습니까? 서로가 서로를 이겨먹으려고 하지 않고 소중한 친구로 대하면 모두가 행복을 경험하게 되는 것입니다. 서로 소중히 여긴다고 느끼면 좋은 관계는 당연한 결과입니다.

상대방을 이기려고 하지 말고 소중히 여기고 사랑으로 품도록 노력하십시오. 어려운 일 아닙니다. 이미 여러분들은 자녀에게 그렇게 하고 있지 않습니까? 자녀가 말도 안 되는 행동을 해도 "그래, 그래"하는 것이 부모의 마음입니다. 왜 그렇게 합니까? 소중히 여기는 마음이 있기 때문입니다. 그 마음으로 가정에서, 교회에서, 직장에서 만나는 모든 사람들을 대해 보십시오.

소중히 여기는 마음을 가지면 서로 이기려 하지 않습니다. 특히 논쟁에 빠지지 마세요. 말싸움해서 남는 것은 마음의 상처와 불신뿐입니다. 말싸움이 날 것 같으면 피하는 것이 상책입니다. 데일 카네기는 "논쟁에서 이기는 방법은 논쟁을 피하는 것뿐"이라고 했습니다. 그렇게 서로를 소중히 여기는 관계를 만들고 그런 사람들이 모여 공동체를 형성하면 그 공동체는 행복 공동체가 될 것이며 그런 공동체의 집합은 마침내 우리가 사는 이 도시를 희망의 도시로 바꾸어 낼 것입니다.

ⅢⅢ 서로 소중히 여기는 비결 1 : 서로에게 인격과 예의를 갖추라

바울과 빌레몬이 직접적으로 교제한 시간은 그리 많지 않았을 것입니다. 골로새교회는 바울이 직접 방문하여 세운 교회가 아니었습니다. 사도행전 19장을 보면 바울이 에베소 교회에 2년 이상 복음을 전했는데 그 때 아시아에 거하던 여러 사람들이 바울에게서 복음을 듣고 자신의 고향으로 돌아가 교회를 세웠습니다. 골로새교회는 그런 교회 중 하나였습니다.

"바울이 그들을 떠나 제자들을 따로 세우고 두란노 서원에서 날마다 강론하니라 두 해 동안 이같이 하니 아시아에 사는 자는 유대인이나 헬라인이나 다 주의 말씀을 듣더라" 사도행전 19:9~10

게다가 골로새는 바울이 머물던 에베소에서 약 160킬로미터나 떨어진 곳으로 바울이 직접 갈 수 없었기에 바울은 자신의 제자인 에바브로디도를 보내 골로새교회를 돌보게 했습니다. 하지만 에바브로디도 역시 바울의 전도 사역을 돕기 위해 자주 자리를 비워야 했고 빌레몬은 평신도 지도자로 골로새교회를 섬기고 세워나가야만 했습니다. 그 당시는 완전한 교회의 형태를 갖추기 어려운 시절이었기 때문에 평신도 지도자인 빌레몬이 때로는 목사로, 때로는 장로로, 경우에 따라서는 사찰집사의 역할까지 해야 했습니다. 바울을 자주 만날 수는 없었지만 빌레몬은 복음의 시초가 된 바울에게 무한한 신뢰를 보냈고 바울도 그런 빌레몬을 아꼈던 것은 분명합니다. 자주 만나지는 못했지만 사제지간으로 서로 정을 쌓는 관계였습니다.

두 사람의 관계가 얼마나 돈독했는지 바울은 로마에서 만나 회심시킨 빌레몬의 노예 오네시모에게 자유를 주라고 마땅하게 명할 수 있다고 말할 정도였습니다. 그것이 두 사람 사이에 맺어진 종교적, 인간적 관계였습니다. 그러나 바울은 마땅히 명할 수 있으나 그렇게 하지 않았습니다. 도리어 빌레몬에게 겸손히 간구합니다. 너에게 손해를 끼친 오네시모지만 지금은 새사람이 되었으니 나를 보아 그를 풀어 달라고 양해를 구합니다. 꼭 그렇게 하지 않아도 됐습니다. 바울은 빌레몬에게 마땅히 명할 수 있는 자격이 있었잖습니까? 하지만 바울은 쉬운 방법을 놔두고 어려운 방법을 택합니다. 빌레몬에게 명령이 아니라 부탁으로, 지시가 아니라 요청으로 자신이 요구를 표현합니다.

"이러므로 내가 그리스도 안에서 아주 담대하게 네게 마땅한 일로 명할 수도 있으나 도리어 사랑으로써 간구하노라 나이가 많은 나 바울은 지금 또 예수 그리스도를 위하여 갇힌 자 되어 갇힌 중에서 낳은 아들 오네시모를 위하여 네게 간구하노라" 빌레몬서 8절

바울의 요청을 받은 빌레몬은 어떻게 반응했을까요? 바울 때문에 손해 봤다고 생각했을까요? 아마 빌레몬은 그 보다 더 큰 요구를 받았더라도 기꺼이 들었을 것이 분명합니다. 자신에게 영생의 길을 선물한 은인인데 당연히 들어주었을 것입니다. 늘 은혜를 갚고 싶었는데 얼마나 좋은 기회라고 생각했겠습니까? 바울의 요구를 들어 주고 싶었는데 바울이 이처럼 예의를 갖춰 대했으니 빌레몬은 더 흐뭇하고 더 기분 좋고 한편으로는 미안한 마음까지 들었을지도 모릅니다.

사람이 모인 곳에는 어디나 지시하거나 지시를 받는 사람이 존재합니다. 그래야 일이 되겠죠. 그러나 그것은 신분상의 상하 관계가 아닙니다. 하나님께서 우리에게 맡겨주신 역할일 뿐이지 그것이 우리의 신분은 아니라는 것입니다. 그런데 지시를 내리는 사람이 가끔 착각하기도 합니다. 내가 명령하면 사람들이 따르는 것을 당연하다고 생각합니다. 내 지위가 높다고 생각하고 방자하게 행동합니다. 착각하시면 안 됩니다. 지시를 하는 사람은 단지 그 역할을 맡았을

뿐이지 그것이 자신의 계급이나 신분은 아닙니다. 그것을 오해하면 어떻게 행동하게 됩니까? 거들먹거리고 마치 주인인 양 행동합니다. 상대방에게 예의를 갖추지 않습니다. 매우 비상식적인 행동을 하기도 합니다. 그 때 상대방의 기분은 어떨까요? 하기는 하겠지만 마음에 없는 행동을 하게 되고 결국 두 사람은 불행한 공동체의 중심에 서게 되는 것입니다.

언젠가 부목사님 중에 한 분이 제게 이렇게 말했습니다.

"목사님 밑에서 배우니 영광입니다."

그 때 제가 바로 이렇게 수정해 주었습니다.

"목사님! 제 밑이라뇨? 제 옆이죠."

그 목사님이 무슨 의미에서 그런 말을 했는지 압니다. 저에 대한 존경의 태도라는 것을 제가 왜 모르겠습니까? 그러나 사람은 죄악으로 물든 본성이 있어서 매순간마다 자기를 점검하지 않으면 마치 자기가 대단한 사람이 된 양 행동합니다. 저 또한 그렇게 될 수 있습니다. 담임목사이기 때문에 내 마음대로 할 수 있다고 생각하고 인격과 예의를 갖추지 않게 될 가능성이 있다는 것입니다. 그래서 제 자신을 순간순간 점검하는 것입니다. 내가 담임목사인 것은 계급이 아니라 역할이라는 생각을 잊지 않는 것입니다.

어떤 공동체든 중요한 역할을 부여 받은 사람은 더 새겨들어야 할 것입니다. 남달라서 그 자리에 있는 것이 아닙니다. 먼저는 하나님의 부르심이며, 잘 섬길 것을 믿고 공동체 구성원들이 역할을 맡긴 것입니다. 그것을 잊으면 안 됩니다. 때로는 역할 상 지시를 해야 할 때도 있습니다. 그러나 우리의 지시는 반드시 인격적이고 예의바른 부탁이 되어야 합니다. 그래야 모두가 행복할 수 있고 희망의 공동체가 될 수 있습니다.

우리가 하나님의 자녀라면 우리는 반드시 하나님을 닮아야 합니다. 요한 사도는 '하나님은 사랑'이라고 했습니다. 바울 사도는 '사랑은 무례히 행치 않는다.'고 했습니다.

"사랑하지 아니하는 자는 하나님을 알지 못하나니 이는 하나님은 사랑이심이라" 요한1서 4:8

"사랑은 오래 참고 사랑은 온유하며 시기하지 아니하며 사랑은 자랑하지 아니하며 교만하지 아니하며 무례히 행하지 아니하며 자기의 유익을 구하지 아니하며 성내지 아니하며 악한 것을 생각하지 아니하며" 고린도전서 13:4~5

그러므로 하나님을 닮은 참 하나님의 자녀들은 하나님의 사랑으로 충만해야 하고 하나님의 사랑을 충만하게 가진 사람이라면 누구에게도 절대 무례히 행해서는 안 됩니다. 하나님의 자녀들이여! 누구를 대할 때도 인격적이고 예의 바르고 배려하는 태도로 대하시기 바랍니다. 할 수 있는 한 예의와 배려를 표현하십시오. 그러면 안 되는 일도 되고 공동체에 평화가 가득하게 될 것입니다.

오래전에 이런 일이 있었습니다. 영국의 엘리자베스 여왕의 만찬에 중국 관리들이 초대되었습니다. 그런데 양식을 먹어본 경험이 없는 중국 관리들이 그릇에 담긴 물을 먹는 물인 줄 알고 마셔버렸습니다. 서양식 식사 예절에 어긋난 행동을 한 것입니다 하지만 엘리자베스 여왕은 그들이 당황하지 않도록 자신도 손 씻는 그릇을 들고 그 안에 담긴 물을 마셨습니다. 상대가 한창 마시고 있는데 그 물에 손을 닦으면 얼마나 민망하겠습니까? 엘리자베스 여왕은 예절이라는 형식에는 벗어났지만 상대방에 대한 예의를 지킴으로 고귀한 기품이 무엇인지 보여 주었습니다. 인격과 예의는 상대방을 배려하는 마음을 행동으로 표현하는 것입니다. 남을 배려하고 다른 사람의 입장에서 생각할 줄 아는 역지사지의 마음이 있는 사람은 상대방에게 감동과 신뢰를 줍니다. 그리고 그런 사람이 있는 곳에는 행복도 함께 머뭅니다.

특히 교회는 세상 모든 공동체 중에서 가장 행복한 공동체가 되어야 합니다. 작은 교회인 셀과 가정은 더 행복한 곳이어야 한다고 믿습니다. 예수님 만나는 그 자리가 행복하지 않다면 그거야말로 이상한 일 아닙니까? 그런데 교회에서 서로에 대한 예의를 지키지 못하면 교회 오는 것이 재미없습니다. 아무리 진수성찬을 차렸어도 거기서는 행복하지 못합니다. 누구라도 상식이 없는 사람과는 잠시도 머물고 싶어 하지 않습니다. 그러나 인격을 갖추고 예의 있게 대하는 사람과는 라면을 끓여 먹어도 행복한 법입니다. 서로에게 인격과 예의를 갖추시기 바랍니다. 그러면 나와 함께한 사람들이 행복을 경험합니다. 그런 사람들이 모인 공동체는 희망이 넘치게 됩니다.

때때로 비상식으로 대응하는 사람을 만나게 될 때 상식으로 대응하면 거기서 존경이 나옵니다. 미국인들에게 가장 존경받는 대통령은 16대 대통령 아브라함 링컨입니다. 링컨도 정치인이니 정적들이 많았습니다. 그중 한 사람이 에드윈 스탠튼이었습니다. 스탠튼은 링컨이 대통령에 당선 되자 "팔이 긴 원숭이를 보고 싶으면 백악관에 가보라"며 링컨을 향해 인격적인 비난을 쏟아 부었습니다. 그러나 링컨은 자신을 조롱하는 정적 스탠튼을 국방 장관으로 중용했습니다. 자신을 싫어하기는 했지만 실력은 출중하다고 믿고 비상식적을 상식으로 대응한 것입니다. 그 후에 이 두 사람의 관계가 어떻게 되었을까요? 링컨이 워싱턴의 포드 극장에서 정신질환자 존 부스가 쏜 총탄에 맞고 숨졌을 때 가장 먼저 그에게 달려와 눈물을 흘린 사람이 에드윈 스탠튼 이었습니다. 그는 링컨이 숨을 거두자 "그는 이제 역사가 되었다"며 링컨을 깊이 추모하였습니다. 링컨을 통해 무엇을 배울 수 있습니까? 비상식적인 사람이라 할지라도 인격과 예의를 갖추고 대하면 관계가 회복되고 서로를 소중히 여기는 관계로 변한다는 것입니다.

IIIII 서로 소중히 여기는 비결 2 : 서로를 가족처럼 여기라

바울은 빌레몬의 집에서 몰래 도망친 오네시모를 향해 '갇힌 중에 내가 낳은 아들'이라는 표현을 씁니다. 바울은 로마 감옥에서 우연찮게 오네시모라는 사람을 만나 그에게 복음을 전하고 제자훈련을 시켜 신실한 사역자로 탈바꿈 시켰습니다. 그런데 오네시모라는 사람은 애초부터 자질이 있거나 신앙심이 깊은 사람이 아니었습니다.

오네시모는 빌레몬의 노예로 주인에게 손해를 끼치고 야반도주하여 정처 없이 떠돌다가 로마까지 흘러왔고 거기서 바울을 만났습니다. 성품 좋은 빌레몬의 집에서 도망친 오네시모의 인생역정을 볼 때 그는 심히 불량스러웠을 것입니다. 바울조차도 오네시모를 향해 전에는 무익했던 사람이라고 평가한 것으로 보아 바울에게 복음을 듣고 회심하기 전에 오네시모가 어떤 삶을 살았는지 잘 알 수 있습니다.

그런 불량한 사람이 바울을 만나고 달라졌습니다. 달라진 정도가 아니라 나중에 디모데의 뒤를 이어 당시 가장 큰 도시 중 하나인

에베소의 목사가 되었습니다. 어떻게 이런 일이 가능했을까요? 그 이유는 바울이 오네시모를 가족으로 대했기 때문입니다. 자신이 낳은 아들처럼 오네시모에게 지극정성을 쏟았기에 완악했던 오네시모가 마음을 돌려 바울이 복음으로 낳았다고 할 만큼 유익한 사람으로 변하게 된 것입니다.

"갇힌 중에서 낳은 아들 오네시모를 위하여 네게 간구하노라"
빌레몬서 10절

바울의 요구를 받은 빌레몬도 오네시모의 모든 죄를 용서했을 뿐 아니라 그를 그리스도 안에서 한 형제처럼 대했습니다. 그렇지 않았다면 오네시모가 초대교회에서 그토록 중요한 역할을 할 수 없었을 것입니다. 비록 전에는 손해를 끼친 노예에 불과했지만 과거를 용서하고 한 가족으로 받아준 빌레몬이 있었기에 오네시모는 아무 제약 없이 복음을 받드는 주의 종이 될 수 있었던 것입니다. 내가 낳은 아들처럼 여겼던 바울, 내 형제처럼 생각하며 어떻게든지 잘 자라도록 도왔던 빌레몬이 있었기에 무익한 오네시모가 유익한 하나님의 종이 될 수 있었습니다.

오네시모를 충성스런 주님의 종으로 만들기까지 쏟은 바울의 노력을 기억하십시오. 가능성이 별로 보이지 않았던 사람, 준비되지 못했던 사람 오네시모를 가족으로 대하며 소중히 여겨주었던 바울과 빌레몬의 마음을 헤아려 보시기 바랍니다. 그리고 무익했던 오네시모를 아들처럼 여기고 기다려주었던 바울의 마음을 여러분도 품으실 수 있기를 바랍니다. 전에 어떤 손해를 끼쳤든 그리스도 안에서 한 형제로 알아 용서하고 가족으로 받아준 빌레몬의 마음을 품으실 수 있기를 기대합니다. 그 마음으로 여러분이 속한 공동체로 나아가십시오. 삶의 현장에서 만나는 그의 겉모습에 연연하지 말고 가능성이 있음을 믿고 가족처럼 여겨 바울과 빌레몬이 오네시모를 얻었던 것처럼 여러분도 오네시모 같은 좋은 친구를 얻게 되기를 바랍니다.

대전신학대학교의 설립자는 이자익 목사님이라는 분입니다. 이자익 목사님의 출신 배경은 남의 집 머슴이었습니다. 경상남도 남해 가난한 집안에서 태어나 굶어 죽지 않기 위해서 가출했는데 이집 저집 걸식하다가 곡창지대인 전라도 김제까지 오게 되었고, 거기서 조덕삼이라는 부자의 머슴이 되었습니다.

조덕삼은 금광사업으로 큰 부자가 된 사람으로 그 일대에서 땅을 가장 많이 가지고 있었던 사람이었습니다. 그러던 어느 날, 루이스 테이트라는 미국 선교사가 그 지역을 순회하면서 전도하는 중에 조덕삼에게 복음을 전했고 그 일이 계기가 되어 예수님을 믿게 된 조덕삼은 자기 집 사랑채를 교회로 내주었습니다. 그렇게 시작된 교회가 김제금산교회입니다. 조덕삼의 집이 교회가 되자 그 집에서 머슴을 살던 이자익도 자연스럽게 예수를 믿게 되었고, 성경 공부를 하다가 글도 깨우치게 되었습니다. 그런데 거기서부터 이자익의 인생이 바뀌기 시작합니다.

교회가 200여 명으로 부흥되자 테이트 선교사는 교회를 섬길 일꾼을 세우고, 다른 지역 선교에 힘쓰기로 결정하고 장로를 한 사람 세우고자 교인 투표를 하였습니다. 그런데 투표결과에 모든 교인들이 깜짝 놀랐습니다. 집주인 조덕삼이 아니라 그 집 머슴 이자익이 장로로 당선 된 것입니다. "이게 어찌된 일이냐"며 다들 웅성대고 있을 때 조덕삼이 자리에서 일어나서 이렇게 말했습니다.

"여러분 감사합니다. 젊고 충성스런 이자익을 장로로 뽑아 일하게 했으니 감사한 일입니다. 그는 지혜도 있습니다. 열심도 있습니다. 우리가 이자익을 장로로 받들어 교회를 부흥시킵시다."

모두들 감격하지 않았겠습니까? 금산교회의 설립자요, 교회 부지를 내놓은 사람이 자기 권리 주장하지 않고 비록 자기 집 머슴이지만 주님이 부르신 종으로 소중히 여겨 장로로 받들어 섬기겠다고 했으니 얼마나 아름다운 이야기입니까?

그렇게 주일이 되면 장로가 된 머슴 이자익은 설교를 하고 주인 조덕삼은 마룻바닥에 앉아서 그의 설교를 들었습니다. 그리고 예배를 마치면 이자익은 조덕삼의 머슴으로 돌아가 자기에게 맡겨진 일을 열심히 감당했습니다. 조덕삼 역시 비록 장로는 되지 못했지만 이자익을 시기하지 않고 그를 가족처럼 여겨 평양신학교에 유학 보내서 신학공부를 하게 했습니다. 그리고 목사 임직을 받은 이자익을 금산교회 담임목사로 청빙해서 천국 가는 그 날까지 받들었습니다. 그렇게 세워진 이자익 목사는 일제 말엽 그 어려운 시기에 한국교회를 이끌어가는 총회장을 세 번이나 지낸 훌륭한 목사가 되었습니다. 마치 오네시모가 바울과 빌레몬을 만나 새사람이 된 후에 에베소교회 목사가 되었던 것처럼 말입니다.

2005년 대전신학대학교에 이자익목사 기념관을 개관할 때 4선 국회의원을 지낸 조덕삼의 손자인 조세형 장로와 이자익 목사의 손자인 카이스트 교수 이규완 장로가 함께 참석했습니다. 그 자리에서 이규완 장로는 조세형 장로 앞으로 다가가 허리를 굽혀서 절하며 감사 인사를 건넸습니다.

"우리 할아버지께서 주인을 잘 만났습니다. 만약에 우리 할아버지께서 주인을 잘못 만났다면 오늘 우리들도 없고, 할아버지도 안 계셨을 것입니다"

그 인사를 건네받은 조덕삼 장로의 후손들도 같이 허리를 숙이고 이 귀한 자리에 함께 할 수 있음을 감사했다는 후문입니다. 이 얼마나 흐뭇한 일입니까?

가치 없고 무익한 것 같았던 한 사람을 가족처럼 생각하고 소중히 여긴 결과가 무엇입니까? 위대한 주의 종을 세우고 그로 하여금 하나님의 영광이 크게 나타나는 것이었습니다. 하나님께서는 머슴에 불과했던 한 사람을 가족으로 대하고 뒷바라지하여 주의 종으로 세운 조덕삼 장로에게도 복을 주셔서 그 후손들에게서 이 시대를 빛내는 인물들을 많이 나오게 하셨습니다.

우리교회는 8가지의 핵심가치가 있습니다. 그중에서 가장 중요하게 여기는 첫째 가치는 '우리는 하나님의 가족'입니다. 우리가 서로를 가족처럼 대하면 무익한 듯 보이는 사람도 유익한 사람이 됩니다. 사람을 대할 때 그가 유익하게 느껴집니까? 아니면 무익하게 느껴집니까? 유익과 무익을 가름하는 것은 우리가 어떤 마음을 먹느냐에 달렸습니다. 가족으로 생각하면 유익한 사람이 될 것이고 남처럼 대하면 유익은 기대도 하지 못하고 조금만 잘못해도 무익한 존재로 낙인찍어 버릴 것입니다.

||||| 소중히 여기는 마음은 희망 공동체의 기초다

TV 프로그램 중에 '생활의 달인'이라는 프로그램을 가끔 봅니다. 그 프로그램에는 다양한 직업을 가진 사람들이 나오는데 하나같이 남들이 흉내도 못 낼 경지에 오른 사람들입니다. 저 정도까지 되려면 연습을 정말 많이 해야겠구나하는 생각을 하는데 한 출연자

가 해 준 말이 기억에 남았습니다. 그 출연자는 자기 일을 그리 오래한 사람이 아니었습니다. 자신보다 더 오래된 경력자도 함께 일하고 있었습니다. 그런데 유독 그는 매우 뛰어난 실력을 가지고 있었습니다. 어떻게 그런 실력을 가지게 되었느냐는 질문에 그는 이렇게 대답했습니다.

"기초가 튼튼해야죠."

이 얼마나 의미심장한 말입니까? 우리는 기초를 다지는 시간을 아까워합니다. 기초를 다지는 일은 지루하고 폼도 안 나는 일이다 보니 빨리 넘어가려고 하는 경향이 있습니다. 그러나 기초가 제대로 되어있지 않으면 어느 정도의 수준에 도달한 후에 더 이상 진보하지 못합니다.

언젠가 교회 성도 한 분이 집을 짓는다고 해서 심방을 간 기억이 납니다. 땅을 파고 기공예배를 드리는데 파 놓은 땅에 어른 주먹만 한 자갈들이 빼곡하게 채워져 있었습니다. 궁금한 것을 참지 못하는 성격에 물었습니다.

"집사님! 왜 땅 속에 자갈들을 넣습니까?"

"목사님! 자갈을 많이 넣으면 많이 넣을수록 집이 튼튼합니다. 자갈을 촘촘히 넣고 거기에 콘크리트를 부으면 그게 반석위에 세운 집이죠."

듣고 보니 일리가 있었습니다. 그러고 보면 내 목회 역시 기초가 튼튼한 목회인 듯합니다. 저는 화려한 이력도, 남들보다 뛰어난 실력도 없습니다. 그러나 누구보다도 기본기에 충실합니다. 그리고 날마다 기본기를 다지고 다졌습니다. 오죽하면 사람들이 나에게 "목사님은 단순, 지속, 반복의 귀재입니다"라고 말합니다. 부족한 나를 하나님이 귀히 쓰시는 이유는 목회의 기본인 말씀읽기와 새벽기도와 전도와 독서를 반복, 지속하는 하는 충실함에서 나오는 것이라 믿습니다.

공동체의 변화, 이 세상에 희망을 불어 넣는 일도 역시 기초가 튼튼해야 합니다. 바람만 잔뜩 집어넣는다고 되지 않습니다. 우선 기초부터 튼튼히 다져야 합니다. 그 기초는 공동체를 구성하는 사람을 소중히 여기는 것입니다. 가정, 직장, 우리가 머물고 살아가는 이 도시에 희망을 불어 넣는 첫 걸음은 내 옆에 있는 사람을 소중히 여기는데서 시작합니다. 여러분이 직장과 동네에서 만나는 동료와 이웃들을 소중히 여길 때 희망은 샘솟듯 솟아나는 것입니다.

때로는 여러분에게 몰상식하게 대하는 사람도 있을 것입니다. 그래도 인격과 예의를 다해 응대하십시오. 분명히 여러분의 마음을 상하게 할 때도 있을 것입니다. 그래도 가족처럼 여기고 용납해 주십시오. 그러면 바울과 빌레몬이 오네시모를 얻었던 것처럼 여러분도 소중한 사람을 얻게 될 것입니다. 무익과 유익을 여러분이 판단하지 마십시오. 불량한 도망자 오네시모를 에베소교회의 목사가 되기까지 소중히 여겼던 바울과 빌레몬처럼 여러분도 열린 마음을 품으십시오. 그러면 반드시 변화가 일어날 것입니다. 그리고 우리의 수고에 힘입어 변화된 그는 또 다른 사람들에게 기쁨을 주고 위로가 되는 소중한 사람이 될 줄 믿습니다.

PART 03

서로
배려하라

서로
배려하라

‖‖‖ 서로 배려하고 있는가

예전보다 우리나라가 참 많이 부요해 졌습니다. 경제규모로 볼 때 세계 13위권이고, 국민 주택 보급율도 100%를 넘어선지 꽤 되었습니다. 공항에 가보면 해외여행을 떠나는 인파로 북새통입니다. 그런데 이처럼 예전보다 부유해졌음에도 불구하고 없는 사람들의 마음은 더 가난해 진 듯합니다. 예전과는 비교할 수 없는 부를 얻었지만 사람들은 더 많이 누리고 싶어 하고 그 만큼, 없는 이들을 향한 배려는 실종되어 버렸습니다. 나라가 부유해질수록 가지지 못한 자들의 마음에는 더욱 매서운 칼바람이 불고 있다는 것입니다.

구호단체인 대한적십자사가 세대를 구성하고 있는 모든 가정에 부과하는 적십자 회비의 납부율은 30%도 채 되지 않는다고 합니다. 지금 우리 사회가 어렵고 소외된 이들을 향하여 어떤 태도를 취하고 있는지 그 단면을 여실히 드러낸다 할 수 있습니다. 참으로 안타까운 일입니다. 1996년 적십자회비 납부율이 53%였던 것과 비교하면 우리나라는 지난 15년 동안 국민소득은 두 배나 올랐지만 약자에 대한 배려지수는 절반으로 떨어져 버린 셈입니다.

영국 빅토리아시대 정치인이었던 윌리엄 글래드스턴은 이기주의를 가리켜서 '인류 최대의 재앙'이라고 했습니다. 이 말은 어려운 상황에서도 타인을 돌아보는 이타주의야말로 '인류 최대의 희망'이라는 말이겠지요. 지금 이 사회는 재앙을 가져오는 이기주의에 물들어가고 있습니다. 그냥 이대로는 안 됩니다. 이럴 때 일수록 함께 나누고 함께 기뻐하는 이타적인 사람과 공동체가 필요합니다. 그래야 이 사회에 희망이 있습니다. 그리고 바로 저와 여러분에게는 그런 사회를 만들어야 할 사명이 있다고 믿습니다. 예수님은 언제나 작은 자, 약한 자, 소외된 이웃에 대한 배려로 가득했습니다.

"내가 진실로 너희에게 이르노니 너희가 여기 내 형제 중에 지극히 작은 자 하나에게 한 것이 곧 내게 한 것이니라" 마태복음 25:40

그리스도인은 그리스도를 따르는 사람입니다. 그래서 예수님이 작은 자에 관심이 있으셨다면 우리도 그래야 합니다. 우리 그리스도인들이 예수님처럼 살아야 우리가 속한 공동체가 행복해지고 함께 살아가는 이 도시가 희망의 도시가 됩니다. 사회 분위기가 배려를 잃었다고 우리 그리스도인까지 손 놓고 있으면 안 됩니다. 각박할수록 우리는 더욱 이 사회의 약자를 배려해야 합니다. 그럴 때 이 사회에 희망이 싹트게 되는 것입니다.

ⅢⅢ 서로 배려하는 비결 1: 최선을 다하라

예수님께서 병을 고치시는 능력이 있다는 소문이 퍼지자 많은 병자가 예수님께 달려왔습니다. 다들 얼마나 간절한 마음이었겠어요? 우리나라 속담에 '남의 염병(장티푸스)이 자기 고뿔(감기)만도 못하다'고 했습니다. 다들 마음이 급했을 것입니다. 예수님은 한 분이시고 환자는 수백 수천 명인데 새치기라도 했다가는 난리 날 상황이었습니다.

이런 상황에서 자기 힘으로는 일어설 수도 없는 한 중풍병자가 네 사람의 배려로 예수님께로 왔습니다. 그런데 와 보니 사람들이 얼마나 많은지 도저히 들어갈 틈이 없었습니다. 나 하나 비집고 들어가는 거라면 모르겠지만, 침상에 누운 중풍병자를 데리고 그 사이를 지나가는 일은 불가능한 일이었습니다. 여러분이라면 이 상황에서 어떻게 하시겠어요? 보통 사람들이 그때 취하는 방법은 "다음 기회에!"입니다. 지금은 여건이 안 되니 다음에 다시 해 보자고 돌아섭니다. 사실 방법이 없잖습니까? 예수님 앞으로 가기 싫어 안 가는 것도 아닙니다. 침상을 들고 그 많은 사람을 뚫고 지나가는 것은 불가능한 일이었습니다.

그런데 이 중풍병자를 데리고 왔던 사람들은 그냥 돌아서지 않았습니다. 어떻게든지 이 병자를 예수님 앞에 데리고 가기 위하여 머리를 짜냅니다. 방법을 찾습니다. 그러다가 생각해 낸 것이 뭡니까? 지붕으로 올라가 기와를 뜯어내고 예수님 앞에 침상 채 내려뜨린 것입니다.

"한 중풍병자를 사람들이 침상에 메고 와서 예수 앞에 들여놓고자 하였으나 무리 때문에 메고 들어갈 길을 얻지 못한지라 지붕에 올라가 기와를 벗기고 병자를 침상째 무리 가운데로 예수 앞에 달아 내리니" 누가복음 5:18~19

성경에는 중풍병자를 예수님 앞에 데리고 나온 사람들이 한 일을 단 한 줄로 표현하고 있지만 이게 말처럼 쉬운 일이 아닙니다. 침상을 들고 지붕으로 올라가는 것이 쉽습니까? 그들 앞에 놓인 수많은 사람을 뚫고 지붕에 침상을 올리는 일은 지치고 고된 일입니다. 설사 올라갔다 한 들 기와를 뜯고 침상을 달아 내리는 것도 보통 일이 아닙니다. 기와를 뜯는 중에 먼지가 나고 사람들에게 방해를 준다고 온갖 욕을 먹어야 했을 것이 분명합니다. 게다가 이 일은 중풍병자에게는 물론이요, 그들에게 매우 위험한 일이었습니다. 순간 잘못하면 낙상 사고로 죽을 수도 있었습니다.

그들이 한 일이 이처럼 위험한 일이라고 생각한 것은 저만의 생각일까요? 그들 자신은 이 일을 위험하다고 생각하지 않았을까요? 분명히 그들도 위험한 일이고 잘못하다가는 사람 목숨 여럿 잡을 수 있다고 생각했을 것입니다. 그럼에도 불구하고 그들은 이 중풍병자를 살려야겠다는 생각에 위험을 감수했습니다. 모인 무리에게 비난 받는 것도 견뎠습니다.

저는 중풍병자 친구를 매고 예수님 앞으로 나온 이 사람들이 약자를 배려하고 섬기는 일에 최선을 다한 사람들이라는 생각합니다. 사실 그 상황에서 침상을 들고 집으로 돌아갔어도 그들은 중풍 병자의 좋은 친구들이라고 할 수 있습니다. 불가항력적 상황이잖습니까? 그냥 돌아갔어도 누가 뭐라고 할 수 없습니다. 제가 중풍병자라면 무거운 침상을 매고 예수님 앞으로 함께 가주려고 한 그 자체만으로도 고마워 평생을 잊지 못할 것 같습니다. 하지만 이 사람들은 자기 힘으로는 절대 예수님 앞으로 나갈 수 없었던 자신의 친구를 섬기는 일에 뒤로 물러서지 않았습니다. 험난한 장애물을 만났지만, 그 장애물을 뛰어넘고자 최선을 다했습니다.

이 사람들이 중풍병자를 돕기 위해 최선을 다해 섬길 때 어떤 결과가 찾아왔습니까? 죄 사함의 은혜가 임하고, 질병으로부터 자유롭게 되는 축복을 누렸습니다. 그동안 힘들고 외롭고 병에 지친 친구에게 영과 육에 최상의 선물을 한 것입니다. 조금 힘들기는 했지만 그들의 최선을 다한 배려가 한 사람의 인생 전체를 바꾸었습니다.

"예수께서 그들의 믿음을 보시고 이르시되 이 사람아 네 죄 사함을 받았느니라 하시니" 누가복음 5:20

예수님이 이 중풍 병자를 고치실 때 하신 말씀을 유심히 보십시오. 이 중풍병자가 죄로부터 자유를 얻고 질병의 고침을 받은 이유가 나옵니다. 그들의 믿음 때문이었습니다. 중풍병자만의 믿음이 아닙니다. 그 중풍병자를 예수님께로 데리고 나온 친구들의 믿음 때문에 낫게 된 것입니다. 만약 그들이 자신의 친구에게 최선의 배려를 하지 않았다면 이 날의 기적은 없었을 것입니다.

저는 가끔 "나는 어떻게 예수 안에 머물게 되었을까? 나는 어쩌다가 목사가 되었을까"하는 생각을 합니다. 제가 저절로 예수 믿게 된 것은 아니지 않습니까? 제가 날 때부터 목사가 된 것은 아니잖습니까? 누군가가 나를 여기까지 인도해 주어 오늘의 제가 있는 것입니다.

나의 유년 시절에 대한 기억은 참혹함 그 자체였고, 그 어떤 소망도 품을 수 없는 날들의 연속이었습니다. 세상에 나만 뚝 떨어져 버린 것만 같은 처량한 신세였습니다. 누구라도 좋으니 내 답답한 심정을 들어줄 사람이 있으면 좋겠다고 생각했습니다. 그럴 때 한 친구가 내게 "인중아, 나랑 교회 가자!"라고 말해 주었습니다. 이상호라는 친구였습니다. 그때 상호의 인도로 교회에 출입한 것이 벌써 57년이나 되었습니다. 하나님에 대한 믿음이나 구원의 확신 같은 것이 생겨서 다닌 것이 아닙니다. 뭐가 뭔지도 몰랐지만 외로운 나를 찾아와 친절하게 손을 건넨 친구가 좋아서 다녔습니다. 나는 지금도 가끔 생각하고는 합니다. 만일 그때 상호가 나에게 교회 가자고 하지 않았다면 나는 지금 무엇을 하며 살고 있을까? 동네 불량배들과 어울리다가 깡패가 되었을지도 모르죠. 가슴 깊이 쌓인 울분을 선량한 사람들에게 풀었을 수도 있습니다. 친구 상호가 없었다면 오늘의 저도 없는 것입니다.

여러분은 어쩌다가 예수 믿게 되었습니까? 누군가의 수고와 헌신이 있었기 때문입니다. 세상 좋은 맛에 사는 여러분을 찾아와 예수 믿자고, 교회 한 번 가보자고 전했던 사람이 있었기에 하나님의 자녀가 되었습니다. 시시때때로 찾아와 필요를 채우며 돕는 손길이 있었기 때문에 마음에 감동을 받아 교회 나오게 되었고 예수님의 사람이 된 것입니다. 중풍병자를 예수님 앞으로 데려오느라 수고하고 애쓴 것 같이 여러분을 위하여 수고한 손길이 있었다는 것입니다.

만약 여러분을 향해 최선의 배려를 한 그 누군가가 없었다면 우리는 지금 어디에 머물고 있을지 모릅니다.

"내가 최선의 배려를 할 때 누군가는 최상의 선물을 받는다!"

우리의 배려가 아니고는 예수 앞으로 나올 수 없는 이들을 향해 우리의 마음을 열어야 합니다. 최선을 다해 도와주어야 합니다. 장애물이 있다고 쉽게 돌아서면 안 됩니다. 우리가 누군가에게 최선을 다하면 우리의 배려를 받는 그는 영과 육의 회복을 얻습니다. 하나님이 주시는 최상의 선물을 받고 기뻐하게 됩니다. 그런 최선의 배려가 우리 공동체를 희망으로 채웁니다. 그런 공동체로 인해 이 사회는 희망이 흘러넘치는 사회가 되는 것입니다.

서울 신촌에 위치한 서강대학교는 박근혜 대통령을 배출한 명문 사학입니다. 그런데 이 학교에서는 신학기가 되면 7,000여 명의 재학생 중 단 두세 명밖에 되지 않는 시각 장애인을 위하여 학사일정이 점자로 기록된 달력을 제작한다고 합니다. 학창 시절을 경험한 분들은 누구나 경험하는 바지만 익숙하지 않은 대학의 학사일정을 스스로 해결하기는 쉽지 않습니다. 시험 일정이라든지, 강의실 안내 등을 스스로 해결하기 위해서는 주의를 기울여야 합니다. 정상인도 그럴진대 장애인이라면 더더욱 어려움을 느끼게 될 것입니다. 그래서 그들에게 좀 더 쉽게 학사 일정을 확인하고 공부할 수 있도록 배려하는 차원에서 이런 달력을 제작한다는 것입니다.

경제논리로 치면 매우 비효율적이라고 할 수 있겠죠. 두세 명을 위하여 달력을 제작하면 괜한 수고와 돈이 들어갑니다. 하지만 약자를 배려하는 일에 최선을 다하는 이 수고가 많은 사람들에게 사회적 약자를 대할 때 어떤 마음을 품어야 하는지 귀한 깨달음을 줍니다. 우리의 작은 배려가 약한 자를 위대한 인물로 만드는 토양이 된다는 것을 배우게 합니다.

서강대학교는 하지 않아도 될 일을 했습니다. 두세 명만을 위한 점자 달력, 만들지 않았다 할지라도 누구하나 나무라는 사람 없을 것입니다. 그러나 서강대학교는 아무도 생각하지 않은 것을 생각하는 놀라운 생각을 했습니다. 그리고 그 놀라운 생각은 아무 생각 없이 살아가는 사람들에게 어떻게 살아야 하는지 생각하게 했고 모두에게 잔잔한 감동을 주었습니다. 명문대학은 지식이 축적되고, 연구 성과가 나와야 명문대학이 되는 것이 아닙니다. 사람들의 마음에 큰 생각을 갖게 하는 큰 학문을 가르칠 때 대학(大學)이 되는 것입니다.

저는 이런 이야기를 들을 때마다 우리사회가 배려에 실패한 것은 아니라는 생각을 갖습니다. 겉으로 보기에는 각박한 것 같지만 분명히 배려와 나눔은 이 사회 곳곳에서 행해지고 있고, 그런 나누기에 성공한 이들 때문에 아직도 우리 사회가 숨을 쉬고 있다고 믿습니다. 바로 우리 안산동산교회가 그 증거가 아닙니까? 많은 사람이

동산교회 때문에 안산에 숨통이 트였다고 합니다. 영적 숨통, 교육의 숨통, 나눔의 숨통이 우리에게서 시작되고 있습니다. 그리고 앞으로도 우리 때문에 이 도시에 더 큰 숨통이 트이리라 믿습니다.

나폴레온 힐은 '약자에게는 약하고, 강자에게는 강한 사람이 진짜 강한 사람'이라는 했습니다. 우리 공동체는 약자에게 약하고 강자에게 강한 공동체가 되어야 합니다. 그러면 우리 때문에 이 도시는 희망의 도시가 됩니다. 우리 숫자는 적은 숫자 아닙니다. 단 3%의 염도가 바다의 오염을 막습니다. 우리가 소금과 같이 살면 절대 이 도시는 썩지 않습니다. 여러분이 빛과 같이 살면 이 도시는 환하게 밝아 오를 것이라 믿습니다.

‖‖‖ 서로 배려하는 비결 2 : 전통에 매여 판단하지 말라

예수님 당시 이스라엘은 종교사회였습니다. 그러다 보니 바리새인과 서기관 같은 종교 지도자들이 사회적 강자였습니다. 그런 바리새인들과 서기관들은 예수님께서 중풍병자의 죄를 사하는 것을 보고 좋지 않은 생각을 했습니다. 그들이 예수님에 대하여 반감을 가진 이유는 두 가지였습니다. 첫째는 예수님이 종종 안식일을 제대로 지키지 않는다는 것이고 둘째는 하나님이 하실 일을 한다는 것이었습니다. 중풍병자를 고칠 때도 그 죄를 사하는 것이 그들에게 걸림

이 되었습니다. 그들 입장에서는 자신이 믿고 따르던 전통이 훼손된
다고 생각한 것입니다.

"서기관과 바리새인들이 생각하여 이르되 이 신성 모독하는 자가
누구냐 오직 하나님 외에 누가 능히 죄를 사하겠느냐" 누가복음
5:21

종교 지도자들의 관심은 중풍병자가 모든 죄와 질병에서 자유하
게 되는 것이 아니라 자신들의 전통과 관습의 유지에 있었습니다.
중풍병자가 영과 육의 치유를 받았다면 기뻐해야 할 일이었으나 바
리새인들과 서기관들은 불쌍한 한 영혼이 어떻게 되든 말든 자신들
의 권리 유지에 바빴던 것입니다.

예수님은 서기관과 바리새인들의 생각을 아시고 말씀하시되 "너
희 마음에 무슨 생각을 하느냐"라고 물으셨습니다. 동일한 사건을
다루는 마태복음의 본문을 보면 "너희가 어찌하여 악한 생각을 하
느냐"라고 물으십니다. 연약한 한 영혼보다 전통과 습관을 중요하
게 여긴 바리새인과 서기관의 생각이 얼마나 잘못되었는지를 꾸짖으
신 것입니다.

"예수께서 그 생각을 아시고 이르시되 너희가 어찌하여 마음에

악한 생각을 하느냐" 마태복음 9:4

우리도 간혹 이런 실수를 할 때가 있습니다. 영혼보다 전통을 더 중요하게 여기고, 한 사람을 구원하는 일보다 지켜야 할 법규에 목을 맬 때가 있다는 것입니다. 물론 교회는 오랫동안 내려온 전통을 잘 지키고 유지해야 합니다. 그러나 그것이 영혼보다 소중할 수는 없습니다. 하나님은 역사가 시작되기 전부터 전지전능한 신이었습니다. 인간의 역사와는 비교할 수 없는 역사가 하나님께 있었습니다. 인간이 쌓아놓은 전통과는 비교할 수 없는 장엄한 전통이 하나님의 역사에 존재합니다. 그러나 하나님은 인간을 구원하기 위해 자신의 역사를 헌신짝처럼 버렸습니다. 영혼을 구원하는 일은 전통이나 역사보다 고귀한 일임을 보여 주신 것입니다.

저는 종종 전도하다가 예배시간에 늦을 때가 있습니다. 그럴 때면 예배를 섬기는 분들이 많이 당황합니다. 가장 많이 당황하는 건 비서실 사역자들 같습니다. 시계를 보고 예배 시간이 지났음을 확인할 때 저도 당황스러운데 그분들이야 오죽하겠습니까? 은근 일찍 오라고 압력을 넣기도 합니다. 그래도 가끔은 어쩔 수 없습니다. 지옥문 바로 앞에 있는 영혼을 천국으로 데리고 와야 하는데 예배 시간 되었다고 지옥 앞에 두고 올 수는 없습니다. 최선을 다해 예배 시간을 지키는 것이 맞습니다. 예배시간에 늦으면 안 됩니다. 그것이 전통입니다. 그러나 그 전통 때문에 영혼을 지옥문 앞에다가 방치하고 올 수는 없는 것입니다. 그런 행동은 예수님의 마음이 아니라고 생각합니다. 예수님이라면 예배에 늦더라도 영혼을 구하셨을 것입니다.

예수님을 따르는 사람이라면 영혼구원과 전통 중에 하나를 선택해야 할 때 영혼구원을 선택하는 것에 주저하지 않는 것이 옳습니다. 오해하지 마십시오. 전통을 무시하고 부정하자는 것이 아닙니다. 전통도 우리가 유지하고 지켜나가야 할 고귀한 선진들의 유산입니다. 하지만 그 어떤 권위 있는 전통도 영혼을 구원하는 일보다 귀할 수는 없습니다. 전통을 지키기 위하여 영혼을 버리는 행위는 악한 생각이라는 것이 예수님의 판단이셨습니다. 예수님이 전통에 매인 바리새인들과 서기관들에게 야단을 치신 것은 전통이 중요하지 않기 때문이 아니라 무엇보다 소중한 영혼을 전통과 바꾸었기 때문이었습니다.

바리새인들과 서기관들이 "어찌하여 당신의 제자들은 장로들의 전통을 준행하지 아니하냐"고 물었을 때 예수님의 대답은 단호했습니다.

"이 백성이 입술로는 나를 공경하되 마음은 내게서 멀도다 사람의 계명으로 교훈을 삼아 가르치니 나를 헛되이 경배하는도다 너희

가 하나님의 계명은 버리고 사람의 전통을 지키느니라" 마가복음 7:5

복음을 알지 못하는 사람이 불쌍한 사람입니다. 여러분의 열정은 그들을 향하여 불타올라야 합니다. 전통을 지키기 위하여 쏟는 열정을 먼저 잃어버린 영혼에게로 돌리는 것이 마땅합니다. 따라서 교회는 영적으로 약자인 불신자들에게 복음을 전하고 그들에게 영생을 나누는 일에 온 마음을 쏟아야 합니다. 그것이 예수님의 가르침입니다. 그것이 이 시대 교회에게 주신 예수님의 사명이라고 믿습니다.

IIIII 하나님을 기쁘시게, 사람을 기쁘게

여러분은 하나님을 기쁘시게 하는 성도들이 되기를 원하십니까? 그렇다면 나보다 약한 사람을 배려하십시오. 그들을 섬기되 최선을 다하여 섬기십시오. 교회의 전통이나 여러분의 신앙적 고정관념으로 판단하여 정죄하지 마십시오. 그것은 악한 생각입니다.

한 영혼을 구원하는 일에 최선을 다하고, 약자를 섬기고 배려하는 공동체가 되어야 하나님의 기쁨이 될 수 있습니다. 빌립보 교회는 복음을 위하여 헌신한 사도 바울을 위하여 극심한 가난 중에도 연보 하며 복음 사역을 도왔습니다. 그런 빌립보 교회를 향해 바울은 이렇게 말씀합니다.

"에바브로디도 편에 너희가 준 것을 받으므로 내가 풍족하니 이는 받으실 만한 향기로운 제물이요 하나님을 기쁘시게 한 것이라" 빌 4:18 b

우리가 누군가를 배려하여 복음이 전파되면 하늘에서 하나님이 기뻐하십니다. 그 마음과 행동은 하나님이 받으시는 향기로운 제물이 되는 것입니다. 하나님은 우리에게 전통으로 엄숙한 예배를 원하시지 않습니다. 하나님이 원하시는 것은 순종입니다. 말씀하시는 하나님의 뜻을 따르는 것입니다. 순종하면 그것이 예배입니다. 하나님의 뜻을 따르면 그것이 하나님이 기뻐하시는 진정한 산제사입니다. 영혼을 잃어버리고 전통만 남은 예배로는 절대로 하나님을 기쁘시게 할 수 없습니다.

"사무엘이 이르되 여호와께서 번제와 다른 제사를 그의 목소리를 청종하는 것을 좋아하심 같이 좋아하시겠나이까 순종이 제사보다 낫고 듣는 것이 숫양의 기름보다 나으니 이는 거역하는 것은 점치는 죄와 같고 완고한 것은 사신 우상에게 절하는 죄와 같음이

라" 사무엘상 15:22~23a

하나님의 기쁨이 되어야 합니다. 영혼을 소중히 여기고 그들을 배
려하는 데 마음을 쏟아야 합니다. 우리 공동체가 약자를 섬기는 일
에 최선을 다하는 공동체가 되기를 원합니다. 그렇게 할 때 교회는
하나님이 기뻐하시는 교회가 됩니다. 그리고 하나님이 기뻐하시는
교회로 인해 우리가 사는 도시는 희망으로 가득한 도시가 될 것입
니다.

서로
봉사하라

PART 04

서로
봉사하라

|||| 서로 봉사하고 있는가

교회의 규모가 커지면 할 수 있는 일도 많습니다. 작은 규모의 교회가 할 수 없는 일을 할 수 있게 되죠. 예를 들면 한 도시를 변화시키는 사역과 같은 큰 규모의 일을 할 수 있습니다. 좋은 예가 동산고등학교를 세운 일입니다. 안산은 경공업 위주의 공단도시입니다. 하청 업체들이 많다 보니 환경적 요인이 좋지 못했고 자녀들이 자라면서 좋은 환경을 찾아 떠나는 이들이 많았습니다. 이런 도시에 우리 교회가 안산동산고등학교라는 기독교 명문고로 만들자 교육적 필요가 충족되었고 서울로, 수원으로, 과천으로 떠났던 이들이 이제는 안산으로 유입되고 있습니다. 학교 하나 잘 세웠더니 도시가 활기를 찾고 생동감 넘치는 도시로 변모한 것입니다.

그러나 대형교회가 늘 좋은 점만 가지고 있는 것은 아닙니다. 대형교회의 치명적 약점은 성도들을 명목적으로 만든다는 것입니다. 명목적 신앙이란 그리스도인이 마땅히 져야 할 공동체적 사명을 감당하지 않고 교회에 이름만 걸쳐 놓은 채 개인적 신앙생활에 만족하는 하는 것을 말합니다. 대형교회를 다니면 수많은 군중 속에 숨어 개인적인 신앙생활을 해도 아무런 제약을 받지 않습니다. 누가 누군지 서로 모르기 때문입니다. 최근 들어 한국교회에 이 교회, 저 교회를 옮겨 다니는 수평이동 신자들이 늘었는데 상당수가 중대형교회를 선호한다고 합니다. 교회성장연구소의 수평이동 교인의 성향분석 자료에 의하면 수평이동 신자의 61%가 중대형교회로 이동한 것으로 나타나고 있습니다. 이 중에서 상당수는 정식 신자로 등록하지 않고, 단지 예배나 때때로 있는 부흥회에 참석하는 것으로 신자의 역할을 다했다는 자기만족에 빠집니다.

이는 교회를 좀 먹는 현상입니다. 교회가 커지면 굳이 봉사하지 않아도 티가 나지 않고 그에 따라 주일 예배만 드리고 사라지는 명목적 신앙인들이 많아지는 것은 당연합니다. 그러다 보면 그리스도인의 의무인 봉사의 총량이 줄어 들 수밖에 없습니다. 많은 일을 소수의 인원이 감당해야 하니 교회는 본연의 의무인 봉사가 질적 저하를 맞게 되는 것입니다. 대형교회들의 공통적 문제점은 봉사의 총량에 비해 질량이 떨어지는 것입니다.

우리 교회도 다르지 않습니다. 부서마다 연말만 되면 봉사자 찾기 전쟁이 벌어집니다. 큰 교회라 그만큼 할 일도 많은데 봉사해야 할 사람들이 숨어 버리니까 일하는 사람만 일하게 되고 한 사람이 해야 할 일은 많아지니까 그만큼 봉사의 질은 떨어지고 봉사자들도 기진맥진하게 됩니다. 한 사람에게 너무 많은 일을 맡길 때 찾아오는 당연한 결과입니다.

한 사람이 너무 많은 일을 하면 어떻게 되는지 생각해 보셨습니까? 장사 잘되는 음식점에 가보시면 쉽게 알 수 있습니다. 장사 잘되는 집 종업원들이 친절합니까, 아니면 불친절합니까? 손님이 너무 많으면 당연히 종업원들은 불친절하게 대합니다. 교회도 마찬가지죠. 해야 할 일은 많은데 봉사할 사람은 적으면 봉사의 질이 떨어질 수밖에 없습니다. 얼마 후에는 교회다움을 잃어버리게 될 것입니다. 그리고 그런 교회는 절대 변화에 앞장설 수 없습니다. 손가락질이나 받지 않으면 다행입니다.

특정한 몇몇 사람만 봉사하는 교회가 되어서는 안 됩니다. 누구나 자기 은사에 맞게 봉사할 수 있어야 좋은 교회를 넘어 이 도시에 희망을 전하는 교회가 될 수 있습니다. 가장 바람직한 모습은 한 사람이 한 가지의 봉사를 하는 풍토가 체질화되는 것입니다. 많이도 말고 적게도 말고 모두가 은사대로 한 가지씩 봉사하면 교회는 생기로 가득하게 될 것입니다.

|||| 부르심 앞에 서는 자세 1 : 순종

어떤 분들은 봉사를 부탁 받을 때 "목사님! 그 일을 감당할 능력이 제게 없습니다." 꼭 이렇게 말하는 분이 있습니다. 능력 없는 것 저도 압니다. 저라고 능력 있어서 지난 긴 세월 목회를 하고 한국교회를 섬겼겠습니까? 능력으로 치면 감당 안 되고 도망치고 싶습니다. 능력 있어 주님의 일을 하는 것 아닙니다. 주님이 시키니까 순종함으로 하는 것입니다. 나는 능력이 부족해서 못한다는 말을 다른 말로 바꾸면 나는 교만하다는 말과 같습니다. 하나님이 능력이 없어서 우리를 쓰시겠습니까? 하나님은 전지전능하시고 우리 없이도 모든 일을 하실 수 있습니다.

하나님께서 우리를 불러 쓰시는 이유는 딱 한 가지입니다. 우리를 좋아하시고 우리와 함께하기를 원하시기 때문입니다. 우리를 사랑하시고 하나님의 놀라운 계획안에 우리를 동참시키고 싶으셔서 봉사의 자리로 우리를 부르신 것입니다. 그렇기 때문에 봉사하라는 부르심 앞에 우리의 대답은 늘 같아야 합니다. 내게 능력 주시는 자 안에서 내가 모든 것을 할 수 있다는 고백이 필요합니다.

성도의 본분은 부르심에 순종입니다. 하나님은 능력 있는 사람을 기뻐하는 것이 아니라 순종하는 사람을 기뻐하십니다. 순종은 하나님을 기쁘시게 하는 가장 좋은 방편입니다. 순종이 제사보다 낫고, 듣는 것이 숫양의 기름보다 낫습니다.

"여호와께서 번제와 다른 제사를 그의 목소리를 청종하는 것을 좋아하심 같이 좋아 하시겠나이까 순종이 제사보다 낫고 듣는 것이 숫양의 기름보다 나으니" 사무엘상 15:22

우리가 순종하면 하나님께서 은사도 주십니다. 내가 알지 못했던 능력을 발견하게 하십니다. 이전에 못 보던 것을 볼 수 있도록 도우십니다. 지금까지 기독교 역사에 위대한 족적을 남겼던 이들을 살펴보면 능력 우선이 아니었습니다. 순종 우선에 따라 사용되었음을 알 수 있습니다. 하나님의 부르심 앞에 얼마나 순종하느냐에 따라 하나님이 맡기신 사역의 수량이 정해졌습니다.

조이 도우슨이 쓴 '하나님을 경외하는 마음'에는 순종의 원칙이 나오는데 부르심을 입은 자들은 누구나 새겨들어야 합니다. 그녀는 순종의 순도가 하나님의 역사와 직결되어 있다고 말합니다. 그래서 순종에는 3가지 원칙이 있는데 첫째는 '즉시' 하는 것입니다. 하나님의 명령에 우물쭈물하는 것은 믿고 부르시는 하나님의 결정을 훼손하는 것입니다. 둘째는 '온전히' 하는 것입니다. 성도들이 자주 하는 말 중에 "하나님! 다른 건 다 할 수 있는데 이건 못해요."라는 말입니다. 그건 순도 높은 순종이 아닙니다. 온전치 않기 때문입니다. 셋째는 '기쁘게' 하는 것입니다. 즉시 하고 온전히 하되 짜증 가득한 마음으로 하는 것은 순종의 순도를 떨어뜨립니다.

하나님의 부르심을 귀하게 여기십시오. 하나님이 우리를 부르셨다는 것은 짜증나는 사건이 아닙니다. 맡겨도 될 만하다는 인정을 받은 영광스런 사건입니다. 우리를 신뢰하시는 하나님을 무색하게 해서는 안 됩니다. 우리에게는 하나님의 믿음을 화려하게 꽃피울 의무가 있음을 기억하셔야 합니다.

▌▌▌▌ 부르심 앞에 서는 자세 2 : 같은 마음

봉사의 자리로 부르시는 주님께 순종했다면 그다음에 품어야 할 마음이 있습니다. 주의 일에 서로 협력하는 '같은 마음'입니다. 교회를 사랑하되 각기 자기방식대로 사랑하는 분들을 종종 봅니다. 참 열심들을 내십니다. 자기 헌신도 뛰어납니다. 시간이면 시간, 물질이면 물질 힘에 지나게 충성합니다. 그런데 되는 일이 없습니다. 왜일까요? 서로 협력하지 않기 때문입니다.

빌립보 교회는 참 좋은 교회였습니다. 아시아에서 복음을 전하기를 원했던 바울에게 성령님께서 나타나 유럽으로 가라고 명하시고 그 명령에 순종한 바울이 유럽에 가장 먼저 세운 교회가 빌립보 교회였습니다. 누구나 그렇듯이 처음에는 애정이 담기게 마련입니다. 첫 사랑, 첫 자녀, 첫 번째로 산 집 등등 누구에게나 처음은 의미가 있습니다. 그래서 바울의 첫 번째 개척교회였던 빌립보 교회는 바울에게 매우 의미 있는 교회였고 바울의 애정이 많이 담겨 있었습니다.

그러다 보니 빌립보 교회에는 많은 일꾼이 있었습니다. 그중에서도 유오디아와 순두게의 열심은 마게도냐 지방 교회들에서 알아주는 열심이었습니다. 바울은 이 두 여인을 지칭하여 "복음에 나와 함께 힘쓰던 저 여인들"이라고 설명합니다. 얼마나 열심이 특심이었으면 바울이 편지에 거명하였을까요?

"또 참으로 나와 멍에를 같이한 네게 구하노니 복음에 나와 함께 힘쓰던 저 여인들을 돕고 또한 글레멘드와 그 외에 나의 동역자들을 도우라 그 이름들이 생명책에 있느니라" 빌립보서 4:3

유오디아와 순두게, 이 두 사람은 바울도 인정한 교회의 일꾼들이었습니다. 복음을 전하는 일에 자기 힘에 지나도록 봉사했습니다. 그런데 문제는 이들이 각자 자기 생각대로 봉사했다는 것입니다. 서로를 돌아보며 함께 할 생각은 하지 않고 내 소견에 옳은 대로 열심을 냈다는 것이 문제였습니다. 로마 감옥에 갇혀 있는 바울에게까지 이 두 사람 간의 불화의 소식이 들려온 것으로 볼 때 유오디아와 순두게로 인해 빌립보 교회는 상당히 어려운 상황에 처한 것으로 보입니다.

유오디아는 누구를 위해 일했습니까? 주님을 위해 일했습니다.

그러면 순두게는요? 순두게 역시 주님을 위해 일했습니다. 그런데 결과는 주님께 유익이 되었습니까? 도리어 주님의 일에 방해가 되었습니다. 열심을 다했지만 교회를 어려움에 빠뜨리고 주의 종을 근심하게 만들었습니다. 그렇다면 그들이 한 일은 주님을 향한 봉사라고 할 수 있습니까? 열심히 일하기는 했지만, 봉사라고 할 수 없습니다. 이런 행동은 봉사가 아니라 방해입니다. 열심을 다해 주님을 섬기고 교회의 방해자가 되었으니 이 얼마나 안타까운 일입니까?

바울은 무슨 일을 하든지 서로를 시기하면 주님의 기쁨이 될 수 없다고 말합니다. 하나님이 기뻐하시는 참 봉사는 자기주장을 관철시키기는 것이 아닙니다. 자기주장은 다툼을 일으키고 다툼은 공동체를 무너뜨립니다. 내 생각과는 달라도 상대방의 생각과 수고를 서로를 인정하여 그들의 좋은 생각을 받아들이고, 함께 협력하여 주님을 기쁘시게 해야 부르심을 부르심답게 만드는 봉사라 할 수 있습니다.

"무슨 일에든지 다툼이나 허영으로 하지 말고 겸손함으로 남을 나보다 낮게 여기고 자기 일을 잘 할 뿐 아니라 다른 사람의 일을 돌보라" 빌립보서 2:3~4

다툼이나 허영은 하나님에게서 나오지 않습니다. 다툼과 허영은 하나님을 배반한 사탄에게서 최초로 시작된 것입니다. 다툼은 경쟁심리에서 출발하고 허영은 자기 우월감에서 시작합니다. 딱 사탄적인 겁니다. 스스로 높아지고자 하나님과 다투었던 사탄이 다툼과 허영의 시작이라는 사실을 잊지 마십시오. 이러한 태도는 하나님의 일을 방해하고 공동체를 파괴시키는 독소입니다. 하나님의 일을 잘 감당하기 위해서는 서로를 인정하고 같은 마음을 품어야 합니다. 하나 됨 없이는 절대 하나님의 기쁨이 될 수 없는 것입니다.

중국속담에 '흔들리는 둥지에는 성한 달걀이 없다.'라는 말이 있습니다. 아무리 둥지 재료가 훌륭해도 흔들리는 둥지 안에서는 새끼가 부화되지 못하는 법입니다. 나 혼자서는 아무리 잘해도 좋은 공동체를 만들 수 없습니다. 공동체를 이루는 지체들이 한 마음으로 각자에게 맡겨진 부분을 잘 감당할 때 평화가 깃들고 모두가 행복하게 됩니다. 기다려 주는 것이 비효율로 느껴질 것입니다. 다른 사람의 생각을 받아 드리는 것이 느리게 가는 것 같습니다. 내 생각대로 하면 다 잘 될 것 같습니다. 하지만 가장 좋은 결과는 모두가 함께 동참하여 한 마음을 품고 일할 때 찾아옵니다.

사람마다 각각 은사는 다릅니다. 성향도 다릅니다. 생각 같아서는 내 마음대로, 내 뜻대로 하고 싶겠지만 그렇게 하면 결과는 뻔합니다. 일이 되지 않습니다. 늘 삐걱거립니다. 무엇보다 예수 그리스도의 공동체가 힘들어 집니다. 내 생각과는 달라도 한 마음을 품는 노력을 해야 합니다. 그래야 좋은 공동체가 될 수 있습니다. 그리고 그렇게 만들어진 좋은 공동체는 보는 이들에게 나도 저런 공동체를 경험하고 싶다는 희망을 갖게 하는 것입니다.

하나님의 부르심을 받은 자들에게 각각 은사가 있습니다. 그 은사는 부족하거나 넘치지 않고 꼭 필요한 것들입니다. 그래서 은사들이 합력할 때 선한 일을 도모할 수 있습니다. 합력한 은사가 교회를 교회답게, 공동체를 행복하게 만드는 것입니다.

"각각 은사를 받은 대로 하나님의 여러 가지 은혜를 맡은 선한 청지기 같이 서로 봉사하라" 베드로전서 4:10

우리에게 주어진 은사는 각각입니다. 누구에게나 은사는 있고 그 은사는 공동체를 세우는 데 필요합니다. 자동차를 만드는 부품이 16,000여 개나 되지만 그중에 하나라도 사라지면 자동차의 기능을 못 하는 것처럼 작은 볼트 같은 은사라도 감당하는 분량은 적지 않습니다. 그래서 봉사는 함께하는 것입니다. 나 잘났다고 독불장군 되면 나는 드러날지 모르지만, 공동체는 사라진다는 사실을 기억하고 어떤 일을 하든지 한마음을 품고 봉사하기를 바랍니다.

‖‖‖ 부르심 앞에 서는 자세 3 : 기쁨

빌립보 교회는 바울에게 복음을 받은 교회 중에서 가장 봉사를 열심히 하는 교회였습니다. 빌립보 교회는 사도 바울이 복음을 전하는 동안 극심한 가난 중에 헌금을 거두어 그의 사역을 돕기도 했습니다. 그런데 너무 많은 일을 하다보면 필연적으로 찾아오는 것이 있습니다. 피곤함입니다. 육신이 피곤하면 쉽게 스트레스를 받고 모든 일이 짜증스럽습니다. 교회 일이라고 해서 다르지 않습니다. 교회 일도 일이기 때문에 많이 하면 피곤합니다.

목사도 때로는 죽을 지경입니다. 새벽에 일어나는 것이 천근만근일 때도 있고, 심방 요청이 부담스러울 때도 있습니다. 다 그만두고 쉬고 싶을 때도 있습니다. 혹여 성도들이 상처받을까 입 밖으로 꺼내지 못할 뿐이지 정말 웃는 게 웃는 것이 아닐 때가 많습니다. 그렇다고 성도의 요청을 거절할 수 있나요? 목사는 아무리 힘들어도 해야 합니다. 그러면 피곤이 쌓이게 되고 별일 아닌데도 예민하게 반응하는 경우도 있습니다.

여러분도 비슷하실 것입니다. 가끔 저에게 교통봉사 하시는 분들이나 안내를 담당하시는 분들이 불친절하게 대했다고 항의 메일을 보내시는 분들이 있습니다. 분명히 무슨 사정이 있었을 것입니다. 괜히 그러시지는 않았겠죠. 교통 안내를 하시는 분들은 나름의 원칙이 있습니다. 그 원칙대로 하지 않으면 차량이 꼬이게 되고 순식간에 혼잡스런 상황이 발생합니다. 그런데 안내를 받으시는 분 입장에서는 이해도 안 되고 그것이 불편할 수 있습니다. 그래서 언성이 높아지기도 하고 마음 상하는 일이 생깁니다.

어떻게 해결할 수 있습니까? 방법은 하나입니다. 의지적으로 기뻐하는 것입니다. 안내에 따라주지 않는 사람을 보며 '잘 모를 수 있지 뭐' 하고 넘어가면 됩니다. 싫은 소리가 들려와도 미소로 대응하면 불편스러운 일은 거기서 종결됩니다. 안내를 받으시는 분들 입장에서도 마찬가지입니다. 안내나 통제가 때로는 강압적으로 느껴지실 때도 있습니다. 충분히 이해합니다. 하지만 그럴 때 이해하고 기뻐하겠다는 의지를 발동하여 "지하 1층, 2층에서 오랜 시간 안내를 하시면 매연을 많이 마시게 되고 그러면 스트레스가 심하겠구나" 하고 웃어넘기시면 쉽게 끝이 납니다.

의지적 기쁨이란 비록 기뻐할 만한 상황은 아니지만 기뻐하겠다고 결정하고 그에 맞게 행동하는 것입니다. 그러면 어떤 어려움도 기쁨으로 받아들이게 됩니다. 우리 뇌가 얼마나 단순한지 아세요? 눈으로 보이는 것은 아니어도, 생각은 그렇게 들지 않더라도 일단 소리 내어 웃으면 뇌는 '아! 내가 모르는 좋은 일이 생겼나?' 하고 사람을 기분 좋게 만드는 호르몬을 분비한다는 겁니다. 그러면 힘든 일도 힘들게 느껴지지 않게 되겠죠. 일이 힘들어지지 않으면 스트레스도 덜 받고 일하는 것이 즐거워집니다. 기쁨의 선순환이 만들어지는 것입니다.

무슨 일을 만나도 의지적으로 기뻐하는 것은 주님이 맡겨주신 일을 잘 감당하는 길이며, 여러분이 건강하게 되는 비결이고, 주변 사람들에게까지 선한 영향력을 주는 행동이라 할 수 있습니다. 과도하게 몸을 사용하는 일도 기쁨으로 하면 운동이 되고 짜증으로 하면 노동이 되는 것처럼 우리가 봉사할 때 기쁨으로 하면 그 일은 우리 마음과 몸에 양약이 될 것입니다. 하지만 분노나 짜증으로 대하면 더 몸과 마음을 상하게 만들고 말 것입니다.

미국 대통령 중에 재임 시 가장 인기가 없었던 대통령은 지미 카터입니다. 그런데 카터 대통령은 퇴임 후에 국민들로부터 더 많은 존경을 받는 사람이 되었습니다. 사람들이 그를 존경하는 이유는 열심으로 봉사하는 그의 삶이 아름답기 때문입니다. 그는 지금도 집 없는 사람들에게 무료로 집을 지어주는 해비타트 운동에 적극적으로 참여하고 있습니다. 집을 짓는 노동은 힘든 일이지만 그는 매우 행복하게 이 일을 하고 있습니다. 무엇이 그에게 이런 행복을 안겨 주었을까요?

퇴임한 대통령이 대부분 그렇듯 카터 대통령 역시 막연하게 사회를 위해 봉사해야겠다는 생각으로 해비타트 운동에 참여하게 되었다고 합니다. 그는 직접 망치로 못을 박기도 하고 목재를 나르기도 했지만, 그가 해야 할 가장 중요한 일은 집을 완공한 후에 집 없이 어렵게 살던 이들에게 새집 열쇠를 넘겨주는 일이었습니다. 그런데 그 일이 카터 대통령에게 큰 감동을 주었습니다. 집 열쇠를 넘겨받는 이들의 눈에서 그가 이전에 만났던 어떤 고위 관료들, 부자들, 연예인들에게서 볼 수 없었던 행복을 발견한 것입니다. 카터 대통령은 이처럼 행복해하는 이들에게 나도 행복해하고 있다는 눈을 보여주어야겠다는 의지적 결심을 했습니다. 그런 결심을 하고 맡겨진 일을 하고 난 다음부터 해비타트 봉사가 그렇게 즐거울 수 없더라고 고백합니다.

우리가 의지적으로 기뻐하기로 작정하면 하나님은 우리에게 무엇이든지 감사할 수 있는 마음을 주시고 우리의 마음과 생각을 지배하셔서 모든 상황을 바꾸어 주실 것입니다. 하나님께서 우리에게 어떤 일을 맡기실지 모릅니다. 그것이 육체적으로 힘든 일이 될 수도 있고, 정신적으로 힘들 수도 있습니다. 그때 여러분의 의지를 가동시켜 보십시오. 하나님께 능력을 주시도록 구하시고 그 능력이 이미 내게 임했으니 난 잘할 수 있을 것이라고 믿고 행동해 보십시오. 의지적 기쁨을 품으십시오. 그러면 봉사하는 그 순간이 기쁨으로 변하게 될 것입니다. 그리고 좋은 열매도 거두게 될 줄 믿습니다.

베드로 사도는 "봉사하려면 하나님이 공급하시는 힘으로 하는 것 같이 하라"고 말합니다. 하나님이 공급하시는 힘으로 하면 실망할 일도 없습니다. 지칠 일도 없습니다. 기쁨이 여러분에게 찾아올 것입니다. 그리고 여러분은 하나님을 위한 봉사에 승리하게 될 것입니다.

ⅢⅢ 봉사는 그리스도의 몸을 세운다

봉사는 선택이 아닙니다. 그리스도인이라면 누구나 해야 합니다. 왜냐하면, 그것이 예수님의 몸을 온전히 세우는 방법이기 때문입니다. 우리는 자기만족을 위해 봉사해서는 안 됩니다.

"그가 어떤 사람은 사도로, 어떤 사람은 선지자로, 어떤 사람은 복음 전하는 자로, 어떤 사람은 목사와 교사로 삼으셨으니 이는 성도를 온전하게 하여 봉사의 일을 하게하며 그리스도의 몸을 세우려 하심이라" 에베소서 4:11~12

가끔 봉사를 자기만족의 도구로 삼는 분들을 봅니다. 자기만족을 위하여 물질을 쓰고, 자기만족을 위하여 시간을 냅니다. 이런 분들은 자기만족이 되지 않으면 봉사를 하지 않거나 어떻게든지 자기만족을 주는 환경을 조성하기 위해 무리를 합니다. 결국, 자기만족은 거두겠지만 공동체가 힘들어 집니다.

봉사는 내가 원하는 것을 상대방에게 강요하는 것이 아닙니다.

참된 봉사는 먼저 주님께서 원하시는 것이 무엇인지를 알고 그것을 하고자 내 자아를 죽이는 것입니다. 봉사의 수혜 대상이 원하는 것이 무엇인지를 알고 그 원하는 것을 해 주는 것입니다. 그러려면 반드시 필요한 것이 있는데 주님의 음성에 귀를 기울여야 합니다. 봉사의 대상이 무엇을 바라는지에 관심이 있어야 합니다. 도대체 뭘 원하는지 알아야 제대로 줄 수 있을 것 아닙니까? 아무리 좋은 것을 주어도 상대방이 원치 않으면 그것은 쓰레기일 뿐입니다. 쓰레기를 받으면 기분 나쁘고 치우는데 비용이 듭니다. 내가 아끼는 것을 나누었는데 그것이 쓰레기가 된다면 매우 안타까운 일입니다.

바울 사도는 우리가 서로에게 봉사할 때 그리스도의 몸이 온전해진다고 말합니다. 말씀대로 봉사하시기 바랍니다. 봉사는 내 맘대로가 아닙니다. 서로에게 하는 것입니다. 상대가 원하는 것! 상대를 기쁘게 할 만한 것으로 섬기는 것이 봉사입니다.

그런 봉사가 있는 교회는 그리스도의 몸을 온전히 세웁니다. 그런 교회가 되면 이 사회에 희망을 제시하는 공동체가 될 수 있습니다. 희망의 도시를 만드는 교회! 우리의 올바른 봉사에서부터 시작합니다. 순종으로 봉사의 순도를 끌어 올리십시오. 같은 마음을 품고 열심히 봉사하십시오. 의지적으로 기뻐하여 하나님이 공급하시는 능력을 받으십시오. 그래서 우리가 섬기는 삶의 현장이 희망으로 가득하게 되기를 기대합니다.

PART 05

약자의
마음을
이해하라

약자의 마음을
이해하라

||||| 약자의 마음을 이해하고 있는가

  철학자 사르트르는 "인생은 B(birth) 와 D(death) 사이의 C(choice)"라고 말했습니다. 태어나고 죽는 것은 내가 선택할 수 있는 것이 아니지만 살아가는 동안에는 수없이 많은 선택을 하는 것이 인생이라는 말입니다. 그래서 어떤 선택을 하느냐에 따라서 우리 인생은 고귀해지기도 하고 비루한 인생으로 마치기도 합니다. 좋은 집안에 태어났다고 고귀한 인생을 사는 것이 아닙니다. 가난한 집안에 태어났다고 평생을 그렇게 사는 것도 아닙니다. 어떤 선택을 하느냐에 따라 달라집니다.

  지난 인생을 회고해 보니 이 말이 매우 실감 나게 다가옵니다. 지나간 어떤 순간에 내가 단 한 번만 다른 선택을 했어도 오늘의 나는 없습니다. 분명히 여러분도 어떤 선택에 의하여 지금의 상황에 도달했을 것입니다. 여러분의 인생에서 한순간만이라도 다른 선택을 했다면 여러분은 지금과는 완전히 다른 방향으로 달려가고 있을 것입니다. 그러니 인생에 있어서 선택이라는 것이 얼마나 중요한 것입니까? 선택 하나로 인생의 방향이 바뀌게 되니 이 얼마나 중요한 것인지 모릅니다. 그래서 인생이란 선택입니다. 그런데 어떤 선택을 해야 잘하는 것입니까? 그 기준이 무엇일까요?

저는 어떤 선택을 해야 할 때 항상 "예수님이라면 어떻게 하셨을까?"라는 생각을 합니다. 길든 짧든 한 생을 살면서 예수님보다 고귀한 생을 사셨던 분은 없습니다. 따라서 예수님이야말로 가장 완벽한 선택을 하신 분이라 할 수 있습니다. 언제나 그랬습니다. 태어나실 때도, 돌아가실 때도 예수님의 선택은 매우 아름다운 선택이셨습니다. 비록 그것이 한 인간으로는 초라하고 비참했을지 모르지만 그 결과는 온 인류에게 희망을 주는 위대한 선택이셨습니다.

어떻게 예수님은 항상 좋은 선택을 하실 수 있었을까요? 예수님은 하나님이시기 때문에 예지의 능력이 있으셔서 항상 좋은 선택을 하신 것입니까? 예수님의 선택이 좋은 선택이 될 수 있었던 이유는 선택의 기준이 분명했기 때문입니다. 그것이 무엇입니까? 사랑입니다. 한낱 피조물에 불과하고 연약한 우리 인간을 향한 깊은 사랑이 모든 선택의 기준이었기 때문에 예수님의 선택은 항상 좋은 선택이 될 수밖에 없는 것입니다.

저 역시 안산을 선택할 때 사람의 말이 아닌 예수님의 말씀을 기준으로 삼았습니다. 처음 개척의 마음을 품었을 때 이 사람 저 사람이 하는 말이 '앞으로 강남이 유망하니 개척을 하더라도 거기로 가서 개척하라'고 했습니다. 안산에서 목회하는 중에도 서울의 유력한 교회에서 담임목사로 청빙 받기도 했습니다. 당시 서울에서 가장 큰 교회 중 하나였습니다. 그러나 제 선택은 언제나 분명했습니다. 하나님이 내게 주신 땅, 안산에서 이 땅의 시민들과 함께 웃으며 함께 울겠다는 선택이었습니다. 여러 유혹을 이기고 끝까지 안산을 선택할 수 있었던 이유는 하나님께서 주신 말씀을 의지하고 이 땅의 영혼들을 사랑하는 마음 때문이었습니다.

"내가 너와 함께 있으매 어떤 사람도 너를 대적하여 해롭게 할 자가 없을 것이니 이는 이 성중에 내 백성이 많음이라 하시더라" 사도행전 18:10

처음 안산은 황량했습니다. 진흙밭이라고 해도 좋을 만큼 사정이 좋지 못했습니다. 교회를 개척한 곳은 허허벌판에 약 250호가량 되는 집이 전부인 지금의 원곡동 근처. 인간의 눈으로 보면 답답하기 그지없었습니다. 그런데 기도의 자리로 가면 하나님의 음성이 들리는데 '이 성중에 내 백성이 많다'는 하나님의 말씀이 또렷하게 들렸습니다. 그 음성은 제게 다른 선택을 하지 못하게 했습니다.

만약 그때 제가 사람의 말을 의지하여 다른 선택을 했다면 이 도시에서 행복한 목회를 하는 기쁨이 제 인생에서 사라지고 말았을 것입니다.

예수님처럼 고귀한 삶을 살고자 한다면 예수님처럼 선택하면 됩니다. 예수님께서 약자를 향한 사랑을 선택하셨던 것처럼 우리도 약자를 위한 선택을 하면 예수님처럼 고귀한 인생이 될 수 있습니다. 예수님처럼 약자를 이해하고 사랑하는 것이 선택의 기준이 된다면, 그래서 우리가 이 세상의 작은 예수가 된다면 우리가 사는 세상은 더 따뜻하고 아름다워질 것입니다.

||||| 약자를 향한 선택 1 : 낮은 곳

이 세상의 삶이 누구에게나 그렇듯 예수님도 순간순간 선택하며 사셨습니다. 하늘 영광 버리고 이 땅에 오실 때부터 십자가의 고난을 당하는 선택까지 예수님 역시 많은 선택을 했습니다. 그 중에서도 가장 주목할 것은 예수님의 첫 번째 선택과 마지막 선택입니다. 예수님이 내리신 첫 번째 선택이 무엇입니까? 인간의 눈에는 낮고 천한 자리인 마구간에서 나시고 말구유에 누우시는 것이었습니다.

"첫아들을 낳아 강보로 싸서 구유에 뉘었으니 이는 여관에 있을

곳이 없음이러라" 누가복음 2:7

하나님이신 예수님께서는 인류 구원의 대 사명을 이루시기 위하여 인간이 되시기로 하셨습니다. 그 후에 사람의 몸을 입고 마리아를 통하여 태어나셨는데 그 때 예수님이 태어나신 곳은 왕궁과 같은 호화로운 집이 아니었습니다. 예수님이 선택하신 곳은 가장 낮고 천한 마구간이었고 태어나 누울 곳이 없어 말 먹이통에 누우셨습니다. 크리스마스카드에는 마구간을 너무 예쁘게 그리는 데 실제로 예수님이 머무셨던 마구간은 우리네 외양간과 같은 곳입니다. 흩어진 말 똥으로 지저분하고 냄새나는 곳입니다. 그 더러운 곳이 예수님의 첫 번째 선택이었다는 것입니다.

원하기만 하셨다면 왕궁에서 태어나시는 것이 뭐 어려운 일이었겠습니까? 그리고 사람들에게 메시아의 존재감을 확실하게 각인하기에도 궁궐에서 왕손으로 태어나는 것이 더 좋았을 것입니다. 그것이 일반적인 시각 아닙니까? 예수님의 탄생을 축하하기 위해 왔던 동방의 박사들도 예수님을 만나러 왔을 때 가장 먼저 들린 곳이 헤롯의 궁궐이었습니다. 하늘에 뜬 별을 보며 이 정도 큰 인물이라면 반드시 고귀한 집 자손이라고 생각했겠죠. 그 바람에 헤롯의 궁궐에서는 한 바탕 소란이 나기도 했습니다. 나라와 민족을 구하는 큰 인물은 그렇게 태어나야 한다고 생각하는 것이 인지상정이니 뭐라

할 일도 아닙니다.

그러나 예수님의 선택은 달랐습니다. 예수님의 첫 번째 선택은 그 당시 전 세계를 지배하는 로마 황제의 집이 아니었습니다. 이스라엘을 다스리는 헤롯의 궁궐도 아니었습니다. 지금은 어딘지도 알 수 없는 낮고 천한 마구간이었습니다. 왜 예수님은 마구간을 선택하신 것일까요? 예수님이 마구간에 태어나신 것은 매우 특별한 의도가 있습니다. 요셉과 마리아가 호적을 하러 가다가 여관도 없고 재워 주는 사람도 없어도 어쩔 수 없는 상황에 몰려 거기서 예수님을 낳은 것이 아니라 예수님의 의도된 선택인 것입니다.

인간의 생사(生死)가 하나님께 있다는 것을 믿으십니까? 그렇다면 예수님이 마구간에서 나신 것은 우연의 결과가 아니라 의도된 필연이라고 할 수 있습니다. 마구간에서 태어나신 것은 우연의 결과가 아니라 예수님의 필연적 선택이라는 것입니다. 그런데 왜 예수님은 궁궐이 아니라 더럽고 냄새나는 마구간을 선택하신 것입니까? 그 이유는 무엇입니까?

이사야 선지자는 예언하기를 메시아는 약자를 위하여 오신다고 하셨습니다. 건강한 자가 아니라 병든 자를 위하여 오시는 분이 예수님입니다. 예수님의 관심은 이 땅에서 모든 것을 누리며 부족함 없이 사는 사람이 아니라 그 마음에 슬픔이 있고 억울함이 있고 상함이 있는 사람들에게 있었습니다.

"주 여호와의 영이 내게 내리셨으니 이는 여호와께서 내게 기름을 부으사 가난한 자에게 아름다운 소식을 전하게 하려 하심이라 나를 보내사 마음이 상한 자를 고치며 포로된 자에게 자유를, 갇힌 자에게 놓임을 선포하며 여호와의 은혜의 해와 우리 하나님의 보복의 날을 선포하여 모든 슬픈 자를 위로하되" 이사야 61:1~2

그런 약자들을 위로하기 위하여 예수님은 친히 낮고 천한 자리를 선택하신 것입니다. 황금으로 둘러싸인 왕좌에서 가난한 사람들을 돌아보는 것은 동정에 불과합니다. 동정은 진정한 위로가 아닙니다. 진짜 위로는 낮고 천한 자리로 직접 내려가 그들과 함께 거하며 그 마음을 어루만지는 척하다가 다시 궁궐로 돌아가는 것이 아니라 그 낮고 천한 자리에서 그들과 늘 함께 거하는 것입니다. 비록 좋은 음식을 나눠주지 못하더라도, 따뜻한 옷을 입혀 주지 못하더라도 함께 굶고 함께 춥고 함께 우는 사람만이 참 위로를 줄 수 있습니다. 그것이 바로 예수님의 선택이었습니다.

우리는 인류를 구원할 메시아가 마구간을 선택하신 것에서 예수님의 의도를 읽을 수 있어야 합니다. 왜냐하면 예수님의 선택은 그분을 따르는 우리에게도 예수님과 같은 선택을 해야 한다는 강력한 요청과도 같기 때문입니다. 낮은 자리로 가서 낮은 자의 마음을 어루만지셨던 예수님이 우리에게 말씀하시려는 것은 우리도 역시 낮은 자리로 가야 한다는 것입니다. 우리 주변의 약자에게 우리의 강함을 드러내지 말고 그들 곁에서 우리도 약자가 되어주는 것이 참 위로요, 예수님을 따르는 것이라고 친히 보여주신 것입니다.

강함을 드러내는 것은 예수님의 방법이 아닙니다. 힘을 사용하는 것은 예수님의 선택이 아니었습니다. 예수님은 제자 중 하나가 예수님을 잡으러 온 사두개인의 수하 말고의 귀를 쳤을 때 힘을 사용하는 자는 힘으로 망한다고 하셨습니다. 예수님은 힘이 있어도 그 힘을 사용하지 않았습니다. 군대를 거느리는 왕으로 오실 수 있었지만 가장 힘없는 자리에 가장 연약한 모습으로 오신 것입니다.

"이에 예수께서 이르시되 네 칼을 도로 칼집에 꽂으라 칼을 가지는 자는 다 칼로 망하느니라 너는 내가 내 아버지께 구하여 지금 열두 군단 더 되는 천사를 보내시게 할 수 없는 줄로 아느냐" 마태복음 26:52~53

우리가 예수님을 따르는 참 그리스도인이라면 함부로 힘을 사용해서는 안 됩니다. 약자의 마음을 이해하고 그 약자의 자리에서 그들과 함께 머물러야 합니다. 그것이 예수님의 생애입니다. 예수님이 2000년이 지난 지금까지 온 인류에게 희망이 되실 수 있었던 이유는 힘이 아니라 자신의 약함을 보이셨기 때문입니다. 그리고 지금도 희망은 그렇게 사는 사람을 통해 생겨나는 것입니다.

21세기 아시아 신흥 시장의 떠오르는 별로 베트남이 주목받고 있습니다. 우리가 잘 아는 대로 베트남은 프랑스와의 독립전쟁, 미국과의 이념전쟁을 치른 나라인데도 전쟁의 상흔을 극복하고 아시아의 중심으로 성장하였습니다. 이렇게 베트남이 아시아의 떠오르는 별이 될 수 있었던 이유는 베트남 독립의 아버지라고 불리는 호치민이 있었기 때문입니다. 호치민은 아시아의 여느 혁명가들과는 다른 사람이었습니다. 국민을 위한다고 하면서 실상 자신만을 위하여 권력을 사용하는 이들과 달리 호치민은 오직 헐벗은 국민만을 위하여 살았습니다. 권력을 손에 쥐고도 그는 높은 자리가 아니라 낮은 자리로 내려갔고 국민들은 그런 호치민에게 '호 아저씨'라는 별명을 붙여 주었습니다.

1969년 9월, 호찌민이 사망했을 때 전 세계의 언론이 그에 관한 기사를 대서특필했습니다. 미국의 역사학자 윌리엄 듀이커는 호치민에 대하여 "그는 우주만큼 넓은 심장을 가진 사람이었으며, 아이들에 대한 끝없는 사랑을 가진 사람이었다. 그는 모든 분야에서 소박함의 모범이다."라고 극찬했습니다. 우리에게는 베트콩 지도자로 알려져 있지만 베트남 국민들의 눈에는 권력을 가졌지만 권력의 자리가 아닌 국민의 자리에 머문 친근한 '이웃집 아저씨'였습니다.

호찌민은 평생 동안 세 번이나 고쳐 쓴 자신의 유언장에 세 가지의 유언을 남겼습니다.

첫째, 정치보복을 하지 말라.

둘째, 베트남에 거주하는 소수민족을 차별하지 말라.

셋째, 내 장례식에 국민의 돈과 시간을 낭비하지 말고 내 시신을 화장하라.

권력은 필연적으로 부패한다고 합니다. 인간의 죄성이 권력과 만나면 정말 불행한 일이 벌어집니다. 하지만 권력이 예수님을 만나면 행복이 시작됩니다. 약자의 마음을 이해하고 그 약자의 자리를 찾아가신 예수님처럼 산다면 희망은 샘솟게 될 것입니다. 혹시 여러분에게 있는 것이 무엇입니까? 돈, 명예, 건강, 지식 그 무엇이든 힘이라고 할 만한 것이 있다면 그것이 예수님을 만나게 되기를 바랍니다. 그래서 여러분의 힘이 약자의 마음을 이해하는 도구가 될 수 있기를 간절히 소망합니다.

약자의 자리로 가는 것은 우리의 신분이나 위치가 낮아지는 것을 의미하지 않습니다. 예수님을 보십시오. 그 분은 말구유 낮은 자리에 오셨지만 왕으로 오셨습니다. 머무신 곳은 냄새 나는 마구간이었지만 만물이 예수님께 경배하였습니다. 황금의자에 앉아야 왕이 아닙니다. 왕의 기품이 있어야 왕이 됩니다. 낮은 자리에 있다고 낮은 신분이 되는 것이 아니라 품격이 없는 행동을 할 때 진짜 낮은 위치로 떨어지는 것입니다.

가끔 높은 지위에 오르신 분들을 만날 때가 있습니다. 겉으로는 목사, 판사, 정치가로 권세를 쥐었지만 썩은 냄새가 진동을 합니다. 정말 저들에게 예수님이 계실까 하는 생각까지 들게 하는 사람도 있습니다. 그들은 겉으로는 높은 자리에 있는 것 같지만 실제로는 낮고 천한 삶을 살아가고 있는 것입니다. 그런데 어떤 분들은 세상에서는 이름 모를 소시민으로 삽니다. 평생 힘쓰는 자리라고는 근처에도 못 가 봤습니다. 그런데 그 모습 속에서 예수님의 모습이 보이는 분들이 있습니다. 그런 분들 때문에 희망의 싹이 자라나는 것입니다.

높고자 하면 낮아지고 낮고자 하면 높아집니다. 우리가 낮아지면 그래서 약자의 마음을 이해하는 자리로 가면 하나님이 우리의 마음을 이해해 주십니다. 그리고 그런 우리를 더 존귀한 도구로 사용하여 주십니다. 그렇게 약자의 마음을 이해하고 그들과 함께 머무는 우리 때문에 하나님의 복음이 전해지고 은혜의 해가 열리는 것입니다.

약자에게 참 위로는 어떤 위로일까요? 어떤 분은 '약자의 마음을 이해하려면 내가 뭐라도 가진 게 있어야 하지 않을까' 하고 생각할지도 모릅니다. 그런데 세상적인 부요함은 도리어 약자의 마음을 더 아프게 할 수도 있습니다. 잠시 위로는 되겠지만 쉽게 사라지는 값싼 위로에 불과합니다. 진짜 위로는 진정성입니다. 문제를 만난 이에게 마음으로 다가가 그의 문제를 내 것처럼 받아들이는 진정성 있는 공감이 참된 위로라 할 수 있습니다.

그런 점에서 예수님이야말로 공감이 넘치셨던 분이십니다. 예수님은 인간의 죄를 내 것처럼 여겨 인간을 대신하여 형벌까지 받으셨기 때문입니다. 당시 가장 극악한 인간에게 내리는 십자가형을 통해 인류를 품으셨습니다. 십자가는 약자였던 인간을 위한 예수님의 마지막 선택이었습니다.

십자가를 두려워해서는 안 됩니다. 십자가는 고난인 동시에 영광입니다. 예수님처럼 고귀한 삶을 살게 하는 영광의 도구입니다. 바울은 육체의 가시라고 할 만한 고통을 평생 안고 살았습니다. 얼마나 고통스러웠는지 가시를 없애달라고 세 번이나 구했습니다. 그때 하나님께서 주신 말씀은 우리가 약할 때 하나님의 능력이 나온다는 말씀이었습니다. 우리가 십자가를 지면 거기서 하나님의 능력이 나옵니다.

"나에게 이르시기를 내 은혜가 네게 족하도다 이는 내 능력이 약한 데서 온전하여짐이라 하신지라 그러므로 도리어 크게 기뻐함으로 나의 여러 약한 것들에 대하여 자랑하리니 이는 그리스도의 능력이 내게 머물게 하려 함이라" 고린도후서 12:9

제게 참 좋은 선배였던 고 하용조 목사님은 7번이나 암 수술을 받았지만 암 때문에 두려워 떨지 않았습니다. 하 목사님은 자신의 암 병을 예수님의 영광을 드러내는 통로로 알았습니다. 자신의 암이 수많은 암 환우들의 마음을 이해하고 위로하고 그들의 영혼을 천국으로 인도하는 도구가 되었다고 생각했습니다.

자기만의 문제에 매여 있지 말고 예수님의 마음을 품고 세상의 문제를 뛰어넘는 그리스도인이 되시기를 바랍니다. 유명한 소설가 아이리스 머독은 "삶의 문제로 전전긍긍하다가 드넓은 세계를 보며 하나님의 위대하심을 발견하게 될 때, 혹은 땅을 박차고 하늘로 올라가는 독수리를 바라볼 때 만사가 다 시시해 지는 것 같다."고 했습니다. 우리가 십자가를 삶의 문제로 보면 삶 자체가 싫습니다. 그러나 십자가를 영광의 도구로 보면 육체를 괴롭게 하는 문제가 시시해지고 하늘의 영광을 사모하게 되며 비슷한 문제로 고통 받는 많은 이들에게 희망을 줄 수 있습니다.

여러분에게 무슨 문제가 있습니까? 그 문제에 집착하면 문제만 크게 보일 것입니다. 그러나 문제보다 크신 하나님을 바라보며 자신의 문제 덩이를 십자가로 여기고 달게 지면 이전까지 크게 보이던 문제가 시시해집니다. 그리고 내 문제를 이겨낸 사람이 되면 문제를 안고 사는 사람을 도울 수 있습니다.

얼마 전에 한 청년에게서 들은 이야기입니다. 자신의 아버지는 지금까지 새벽예배는 빠진 적이 없고 시간만 나면 오직 교회와 주님을 위해 살았는데 30년이 지난 지금, 부자가 된 것도 아니고 명예를 얻은 것도 아니고 하루하루를 간신히 살아간다는 겁니다. 그러면서 하는 말이 평생 하나님을 섬긴 결과가 이거라면 나는 그런 하나님을 믿고 싶지 않다는 말을 했습니다.

그런데 여러분 그거 아세요? 하나님의 아들 예수 그리스도께서 사실 그렇게 살다가 가셨습니다. 아무것도 없이 태어나 33년간을 한시도 십자가를 부인하지 않으셨습니다. 그렇게 하나님만을 위하여 살았지만, 마지막에 아무것도 없이 빈손으로 가셨습니다. 마구간 구유에 오신 예수님의 마지막 생애를 보세요. 빌린 나귀를 타고 예루살렘으로 올라가 빌린 방에서 마지막 식사를 하시고 죽어서까지 빌린 무덤에 들어가셨습니다. 평생 하나님을 위해 살았는데 이 땅에서 아무것도 손에 쥔 것이 없었습니다. 그런데 세상의 기준으로는 실패자였지만 예수님으로 인해 위로 받고 희망을 가진 사람이 얼마나 많습니까?

존 스토트는 "십자가가 없었더라면 나는 하나님을 믿지 않았을 것이다. 고통으로 가득한 이 세상에 어떻게 아픔이라고는 전혀 알지 못하는 하나님을 경배할 수 있을까?"라는 글을 쓴 적이 있습니다. 예수님이 십자가를 지신 것은 인간의 고통을 직접 경험하기 위함이었습니다. 고통당하는 이들의 고통을 직접 당하기 위함이었습니다. 약자의 마음을 이해한다는 것은 "그래 내가 너의 마음을 안다"라는 말이 아니라 말없이 그 아픔을 대신 지는 것임을 아셨던 것입니다.

예전에 '그 청년 바보 의사'라는 책을 읽고 참 감동을 받은 적이 있습니다. 33살에 갑작스럽게 죽은 의사 초년병 안수현이라는 청년의 이야기인데 제 마음에 큰 감동을 주었습니다. 그 책 안에 많은 이야기들이 있지만 그 중 하나를 소개하려고 합니다.

안수현씨가 인턴으로 있을 때 응급실에 에이즈환자가 들어왔습니다. 급히 혈액을 채취해야 했는데 아무도 그에게 다가가지 않았습니다. 그는 자신이 해야겠다고 마음을 먹고 자리에서 일어서는데 그 순간, 혈액 채취 도구를 건네주려고 손을 뻗은 간호사는 "그리스도인인 선생님이 환자에게 가 주기를 바랬다"는 말을 건넸습니다. 에이즈라는 병을 얻었다는 이유만으로 환자의 인격을 만신창이로 만드는 병원 안에서 안수현씨는 약자의 마음을 이해하고 그에게 다가가는 작은 예수가 되었고 그런 안수현씨 안에서 사람들은 약자의 마음을 이해하시는 예수님을 발견했습니다.

예수님의 사람이 된다는 것은 피상적인 사랑, 말 뿐인 긍휼을 의미하지 않습니다. 예수의 사람이 되는 것은 약자를 위해 고난당하는 것을 피하지 않는 것입니다. 비록 그것으로 인해 피해를 보게 되더라도 용기를 내어 행하는 것이 예수님의 사람다움입니다. 그리고 그런 사람으로 인해 공동체는 희망을 품게 되는 것입니다.

ⅢⅢ 예수님처럼 선택하면 미래가 아름답다

프랑크 카프라 감독이 만든 영화 '멋진 인생'은 한 사람이 얼마나 많은 사람들을 행복하게 만들 수 있는지를 보여주는 명작입니다. 이 영화의 주인공인 조지 베일리는 '베드포드 폴스'라는 마을에서 신용대출회사를 운영하는 사람입니다. 그는 수많은 어려운 가정에 공정하고 합리적인 이율의 대출을 해 주었습니다. 그가 하는 일은 마을 사람들이 고리대금업자들에게 당한 상처를 치유하는 역할이었습니다. 때로는 대출금이 잘 회수되지 않기도 했지만 그는 주민들의 형편을 생각해서 끈질기게 참아주었습니다. 조지 베일리는 회사의 경영자가 아니라 마을 사람들의 친구로 그들과 함께 성공하고 싶어 했습니다. 그러나 뜻밖의 사건이 벌어져 베일리는 도저히 해결할 수 없는 상황에 내 몰리게 되었습니다. 그는 막다른 골목에 몰리게 되고 결국 삶의 회의를 느끼고 자살을 시도하기에 이릅니다.

막 목숨을 끊으려는 순간 하나님은 천사를 그에게 보내 만약 그가 없었다면 베드포드 폴스가 어떻게 됐을지 환상을 보여 주십니다. 가난하고 엉망진창인 동네에 부잣집 몇 채가 들어앉은 마을은 친절한 이웃들 대신 부자들의 고리대금을 받아내는 깡패들이 활개 치고 있었습니다. 그때 조지 베일리는 깨닫습니다. 만약 자신이 없었다면 마을 전체가 샬롬을 잃어버린 세상이 되었을 것이라는 것과 지금까지 자신이 마을 사람들에게 얼마나 큰 희망을 주고 있었는지를 발견하게 된 것입니다.

우리가 사는 이 도시의 미래는 어떻게 될까요? 우리의 미래는 이미 정해져 있습니다. 우리가 약자의 마음을 이해하기 위하여 낮은 자리로 가고, 십자가 지기를 두려워 않는다면 이 도시는 희망으로 넘치게 될 것입니다. 그러나 우리가 '나 하나가 뭐라고 세상을 바꾸겠냐'며 고개를 떨 그러면 이 도시는 쓰레기로 가득하게 되는 것입니다. 서두에 인생은 선택이라고 말씀 드렸죠? 맞습니다. 인생은 선택입니다. 우리의 선택이 우리의 미래를 결정지을 것입니다. 우리가 작은 예수가 되어 약자의 마음을 이해하는 자리로 나가면 우리의 미래는 희망입니다.

우리가 사는 이 땅에 예수님처럼 샬롬을 이루는 일에 우리 자신을 던지는 결단이 있으시기를 바랍니다. 우리 교회가 더 이상 대형교회로 몸집을 불리는 일에 마음을 두지 말고 이 지역 사회와 교회들을 세우는 일에 열정을 쏟아 붓는 교회가 되도록 기도해 주시기 바랍니다. 우리 한 사람 한 사람이 예수님의 마음으로 이 도시 곳곳으로 스며들어가 영혼을 살리는 예수 사람이 되시기를 바랍니다. 그래서 낮은 자리에 머물지만 높음을 소망했던 예수님처럼 살 수 있기를 기대합니다.

"너희는 내가 사로잡혀 가게 한 그 성읍의 평안을 구하고 그를 위하여 여호와께 기도하라 이는 그 성읍이 평안함으로 너희도 평안할 것임이라" 예레미야 29:7

나눔과
섬김으로
풍성하라

나눔과 섬김으로
풍성하라

||||| 나누고 있는가, 섬기고 있는가

우리 교회는 지금까지 '나눔과 섬김으로 세상을 살리자'는 비전을 실천해 왔습니다. 교회마저도 자기 교회만 생각하는 이기주의가 득세하는 이 시대에 우리 교회는 타인을 생각하고 다른 교회를 돌아보며 하나님의 뜻을 이루고자 노력했습니다. 물론 완전하지는 못했을지 모르지만, 최선은 다했다고 자부합니다. 이 거룩한 사역에 한 마음으로 협력해 오신 온 성도들께 지면을 빌려 감사드립니다.

특별히 끼니를 걱정해야 하는 어려운 이웃들을 돌아보는 사랑의 쌀독에 참여해 주신 무명의 성도님들께 감사합니다. 사랑의 쌀을 시작한 지 2년 만에 20,000kg 이상의 나눔이 있었습니다. 어떤 분들은 왜 주일마다 사랑의 쌀독 현황을 싣는 것이냐고 묻기도 합니다. 왜일까요? 매주 주보에 그 현황을 실어 드리는 이유는 쌀이 얼마나 걷히고 얼마나 소비되고 있는지 정보를 드리려는 것이 아닙니다. 우리가 이만큼 사회 봉사한다고 자랑하려는 것도 아닙니다. 그 숫자들 안에 담긴 이름 모를 수많은 이들의 따뜻한 나눔과 섬김을 격려하며 우리도 거룩한 행렬에 동참하자는 마음을 담아 매 주일 적어 내려가는 것입니다. 대서양 바다 한 가운데서 일어난 작은 바람 한 자락이 지축을 흔드는 허리케인으로 변하는 것처럼 우리의 작은 손길이 이 도시 안에 희망의 큰 물결이 되는 것을 보고 싶습니다.

그러한 희망을 불어 넣는 사역 중에는 교구별로 진행하는 특별 새벽기도회도 있습니다. 우리 교회는 매년 두 차례씩 교구별로 특별 새벽기도회를 진행합니다. 저는 할 수 있으면 지역 교회 중 하나를 선정하여 거기서 기도회를 하고 지역 교회를 건강하게 세우는 일을 하라고 부탁했습니다. 그리고 28개 교구로 나뉘어 각 지역에서 기도회를 진행하고 있습니다. 편리한 교회 시설을 놔두고 환경이 열악한 지역으로 가는 것이 불편한 일이기도 하지만 그렇게 하기를 원합니다. 그것이 지역교회에 희망을 주는 사역이기 때문입니다.

다음의 편지는 한 지역교회 목사님께서 제게 보낸 편지 중 일부로 여러분이 하신 일이 어떤 결과를 가져왔는지 알려 드리겠습니다.

"안녕하십니까? 저는 고잔동 단원마을 앞에 있는 안산예건교회 한경민 목사입니다. 설립예배가 작년 11월 5일이었으니 이제 설립 일 년이 되어 갑니다. 이곳으로 오게 된 것도, 주님의 몸 된 교회가 세워지게 된 것도, 지금까지 교회를 지킬 수 있었던 것도 하나님의 은혜 그 자체임을 그 누가 알겠습니까?

금번에 15교구 김창성 목사, 손정식 장로 이하 여러 성도님들이 예건교회에 모여 함께 기도하던 목소리가 아직 아련합니다. 개인적으로 하나님의 응답이 채워지던 순간이었습니다.

저는 김인중 목사님과 일면식도 없는 아주 작은 종입니다. 그저 자기교회만 생각하지 않고 지역의 연약한 교회를 돌아보는 목사님도 계시구나 싶어 고맙고 또 고마워 이렇게 무례하지만 인사를 드립니다. 힘들다, 어렵다, 안 된다 하는 것이 개척이라지만 그러나 쓰러지고 죽을 때 죽더라도 계속 외치고 전진하려 합니다. 기도해 주십시오.

바라기는 목사님께서 원하시는 바, 또 하나님께서 목사님을 통하여 이루시고 이루어 가시는 그 모든 사역들이 하나님의 영광으로 가득하시기를 바랍니다. 주의 거룩한 이름이 드높여지는 교회와 가정이 되시기를 소원합니다. 보살핌에 거듭 감사를 드립니다.

안산 예건교회 한경민 목사 드림.

우리가 행한 나눔과 섬김에 우리의 이웃들도 아주 많이 감사하고 있습니다. 우리의 정성이 그들에게 희망을 주고 있습니다. 그러니 어찌 이 나눔과 섬김을 멈출 수 있단 말입니까? 나눔과 섬김은 한 해 전력하고 끝낼 일이 아닙니다. 매년마다 전력 질주해야 할 위대한 사명입니다. 그리고 그 사명이 채워져 가는 동안 이 도시는 희망의 도시로 탈바꿈하게 될 줄 믿습니다.

ⅢⅢ 풍성한 나눔과 섬김 1 : 나눔과 섬김을 계속하라

바울 사도가 전도 사역을 하는 동안 그를 도왔던 교회가 많지 않았습니다. 각각의 교회들마다 사정이야 있었겠지만, 바울의 입장에서는 사역비를 충당하기 위하여 직접 천막을 만드는 일을 하여야 했기에 사역에 지장이 컸던 것은 분명합니다. 게다가 말년에는 감옥에 갇혀 전혀 경제활동을 할 수도 없었습니다. 그때 빌립보 교회를 섬기던 에바브로디도가 빌립보 교인들이 헌금한 연보를 가지고 바울을 찾아옵니다. 돈의 액수가 중요한 것이 아니라 외롭고 지친 바울에게 얼마나 큰 위로가 되었겠습니까?

그런데 오늘 말씀을 보니 빌립보 교인들이 바울에게 헌금한 것은 이번뿐만이 아니었습니다. 복음의 시초에 마게도냐를 떠날 때에 빌립보 교인들은 바울을 위하여 헌금을 거두어 주었습니다. 복음의 시초란 바울이 처음 전도여행을 통해 빌립보에 교회를 세우고 데살로니가로 떠났을 때를 말합니다. 그때도 빌립보 교인들은 바울을 빈손으로 보내지 않았습니다. 그 뿐 아닙니다. 빌립보 교회 교인들은 바울이 데살로니가에 있을 때도 두 번이나 헌금을 거두어 바울의 사역비로 보냈습니다. 그러니까 공식적으로 기록된 것만 해도 네 번이나 바울을 도운 것입니다.

"빌립보 사람들아 너희도 알거니와 복음의 시초에 내가 마게도냐를 떠날 때에 주고받는 내 일에 참여한 교회가 너희 외에 아무도 없었느니라 데살로니가에 있을 때에도 너희가 한 번뿐 아니라 두 번이나 나의 쓸 것을 보내었도다" 빌립보서 4:15~16

빌립보 교인들이 바울을 도운 것은 체면치례가 아니었습니다. 그들은 바울의 필요가 무엇인지에 관심을 가지고 있었습니다. 어떻게 하면 하나님의 복음이 더 전파될까, 어떻게 하면 잃어버린 영혼들을 더 구원받게 할까, 어떻게 하면 하나님의 영광이 세상에 더 드러날까에 관심을 가지고 바울의 필요에 따라 여러 번 섬긴 것입니다. 그들의 나눔과 섬김은 어쩔 수 없이 하는 전시성 도움이 아니었습니다.

그러면 빌립보 교인들이 부자들이었기 그렇게 바울을 도왔던 것일까요? 바울은 고린도 교회에 보낸 편지에서 그 당시 빌립보 교인들의 형편을 '극심한 가난'이라고 표현했습니다. 바울이 볼 때 빌립보 교인들은 자기 입에 풀칠하는 것도 버거운 상황이었습니다. 그런 가난 중에도 복음 전파를 위하여 힘에 지나도록 나누고 섬겼다는 것이 바울이 내린 평가였습니다.

"형제들아 하나님께서 마게도냐 교회들에게 주신 은혜를 우리가 너희에게 알리노니 환난의 많은 시련 가운데서 그들의 넘치는 기쁨과 극심한 가난이 그들의 풍성한 연보를 넘치도록 하게 하였느니라" 고린도후서 8:2~3

돈이 많아야 나눔과 섬김을 할 수 있을까요? 지금까지 목회를 하면서 내린 결론은 부자라고 나눔과 섬김을 잘하는 것이 아니라는 것입니다. 가난하다고 주의 일에 헌신할 수 없는 것도 아닙니다. 돈의 자리는 하나님을 사랑하는 마음이 정합니다. 하나님을 사랑하는 마음이 있으면 부유하건 가난하건 주의 일에 헌신합니다. 하지만 아무리 부자라도 하나님을 사랑하는 마음이 없으면 적당하게, 남들 볼 때 창피하지 않을 정도만 합니다.

마태복음 6장 21절에 "네 보물 있는 그곳에는 네 마음도 있느니라."고 했습니다. 바꾸어 말하면 '네 마음이 있는 곳에 네 보물이 있다'는 말입니다. 빌립보 교인들은 부자가 아니었습니다. 그러나 그들에게는 복음전파 하는 일과 주의 종들을 섬기는 일에 그 마음이 있었습니다. 그래서 극심한 가난 중에도 나눔과 섬김을 실천할수 있었던 것입니다.

세상의 방식은 넉넉할 때 돕습니다. 우리나라 속담에 '곳간에서인심 난다'고 했습니다. 곳간이 넉넉하면 그중에서 얼마쯤 떼어 남주는 것이 인심(人心)입니다. 그러나 신심(神心)은 사명 앞에 믿음의 반응을 하는 것입니다. 없어도, 부족해도 주의 일에 충성하는 것이 하나님의 마음을 따르는 것이며 그럴 때 하나님의 역사는 일어나고 교회는 부흥됩니다. 경제가 어렵고 헌금의 액수가 준다고 우리의 나눔과 섬김이 줄면 그것은 하나님의 마음을 따르는 교회가 아닙니다.

곳간에서 인심난다고요? 하나님을 사랑하는 마음만 있으면 설령곳간이 비어도 나눔과 섬김은 멈춰지지 않습니다. 인심을 따르면 못하지만 신심을 따르면 아무리 없어도 나누고 심길 수 있는 것입니다.그런 분 중에 서산에서 부성염전이라는 소금밭을 일구는 강경환이라는 사람이 있습니다. 염전이라는 것이 광산으로 치면 막장과 같은곳입니다. 얼마나 고된 육체노동이 동반되는지 모릅니다. 정상인도몇 날 못 되어 나가떨어지는 일이 염전 일입니다. 그런데 강경환씨는지뢰를 잘못 만져 양 손목아래가 끊어진 장애인인데도 불구하고 20년 넘게 뭉뚝한 손에 삽을 매달아 염전을 일구고 있습니다.

더 놀라운 것은 그렇게 힘겹게 염전을 일구어 얻은 소득으로 자신보다 더 어려운 이웃들을 돕고 있다는 것입니다. 부성염전은 소작농입니다. 다른 사람의 염전을 빌려 농사를 짓습니다. 그래서 모든 비용을 제하고 나면 약 2천만 원정도 밖에 수입이 남지 않습니다. 그런데 강경환씨는 그 적은 수입에서 소록도 나환자들을 위하여 매년 30포대의 소금을 김장용으로 보내는 일을 18년째 하고 있습니다. 아무리 봐도 강경환씨의 곳간은 채워진 곳간이 아닙니다. 하지만 그는 빈 곳간으로도 진실하고 지속적인 나눔을 할 수 있다는 사실을 우리에게 가르쳐 주었습니다.

이처럼 나눔과 섬김을 멈추지 않은 강경환씨에게 요즘 어떤 일이 일어나고 있을까요? 그의 지속적인 나눔의 소식이 널리 퍼지자 부성염전을 보러 오는 사람이 하루에 150명이 넘습니다. 염전에 온 사람들은 체험을 핑계로 염전 농사를 대신 지어주고 갑니다. 진실한 나눔의 끝에는 반드시 아름다운 동행이 따라오게 되는 법입니다. 우리의 나눔과 섬김은 더 많은 사람들에게 선한 일을 하게 하는 마중물과 같습니다. 작아도 하기만 하면 어느새 커져가는 나눔을 느낄 수 있게 될 것입니다. 소리 소문 없이 번져가는 섬김의 불길을 보게 될 것입니다. 나눔과 섬김을 원하시는 하나님은 출애굽한 이스라엘 백성들에게 명령하셨습니다.

"네가 네 감람나무를 떤 후에 그 가지를 다시 살피지 말고 그 남은 것은 객과 고아와 과부를 위하여 남겨두며 네가 네 포도원의 포도를 딴 후에 그 남은 것을 다시 따지 말고 객과 고아와 과부를 위하여 남겨두라" 신명기 24:20~21

이스라엘 백성들이 이 말씀을 받았을 때는 소출을 많이 얻은 후가 아니었습니다. 아직 광야에 머물고 있을 때입니다. 곡식이라고는 한 톨도, 과일이라고는 한 알도 구경 못 했을 때 주신 말씀입니다. 즉 곳간이 텅텅 비어 있을 때부터 인심을 이기는 성도가 되어야 한다는 것이 하나님의 명령입니다. 있는 대로 다 긁어모아 창고를 채우는 것이 아니라 나그네와 고아와 과부를 위하여 나눔과 섬김을 실천하라는 것입니다. 혼자서는 희망을 가질 수 없는 어려운 이웃들에게 희망을 꿈꿀 수 있게 하는 것이 가나안에서 이루고자 했던 하나님 나라의 설계도였습니다.

나눔과 섬김은 모두를 행복하게 만듭니다. 우리가 한 줌, 두 줌 내 놓은 쌀이 없는 이웃들의 삶을 연장시킵니다. 우리가 행하는 장애인 사역이 그 아이들을 돌보다가 지친 부모들의 마음에 살 소망을 줍니다. 지역 교회를 섬기는 큰 숲 운동을 멈추지 않을 때 지역 교회들이 우리도 하면 된다는 소망을 잃지 않게 됩니다.

이제는 안산 지역을 넘어 그 사역의 범위를 세계로 넓혀가고 있는 'NGO 굿파트너즈'의 설립도 그런 관점에서 시작되었습니다. 처음 굿파트너즈를 시작하자는 요청을 받았을 때 부담감이 이만저만 하지 않았습니다. 지금도 하는 일이 이렇게 많은데 이 짐까지 져야 하는가에 대한 확신이 서지 않았습니다. 제 마음은 아니었습니다. 그런데 '나눔과 섬김을 통해 세상을 행복하게 하라'는 예수님의 명령이 제 두려움을 앞지르셨습니다. 상황을 보면 아니지만 "내가 한다. 너는 순종만 해라!" 말씀하시는 예수님의 음성이 들렸습니다. 어찌 거부할 수 있습니까? 누구의 명령이라고 따르지 않을 수 있습니까?

생각해 보면 그 작은 순종이 오늘의 굿파트너즈를 가능케 했습니다. 인간적인 부담감을 순종으로 극복했기에 굿파트너즈의 아름다운 이야기를 써 내려갈 수 있었습니다. 지역사회의 가난한 이웃들이 무상으로 생필품을 얻고 불우한 청소년들이 학업을 이어가고 우간다와 스리랑카에 있는 지구촌 이웃들이 깨끗한 물을 마음껏 마실 수 있는 이 행복한 현실은 나눔과 섬김을 외치시는 예수님의 명령에 순종했기 때문에 가능한 것입니다.

이 거룩한 일에 다 동참하십시오. 없다는 핑계는 안 통합니다. 어느 정도 모아놓고 하겠다는 핑계도 안 통합니다. 성한 목표에 노달하는 순간 목표는 더 높이 올라갑니다. 지금 해야 합니다. 적으면 적은 대로 최선을 다해 나누고 섬기는 것이 하나님의 소원입니다. 하나님이 기뻐하시는 일에 앞장서기를 바랍니다. 그래서 사람을 행복하게 하고, 도시를 희망으로 가득하게 하고, 예수 그리스도의 이름을 들으면 배시시 미소가 지어지는 공동체를 만드는 일에 모두 헌신 하시기를 바랍니다.

▦ 풍성한 나눔과 섬김 2 : 향기로운 제물을 소망하라

바울은 에바브로디도 편으로 보내온 빌립보 교인들의 선물에 매우 감격했습니다. 누군들 이런 정성 앞에 울지 않을 수 있을까요? 빌립보 교인들의 정성을 받은 후에 바울이 했던 말을 보면 얼마나 빌립보 교인들의 마음 씀씀이를 기뻐했는지 알 수가 있습니다.

"내게는 모든 것이 있고 또 풍부한지라 에바브로디도 편에 너희가 준 것을 받으므로 내가 풍족하니 이는 받으실 만한 향기로운 제물이요 하나님을 기쁘시게 한 것이라" 빌립보서 4:18

바울은 빌립보 교인들의 넉넉한 마음을 하나님께서 받으시는 향기로운 제물이며, 하나님의 기쁨이라고 칭찬합니다. 이 말씀을 읽을 때마다 우리들도 바울의 칭찬을 받았던 빌립보 교인들처럼 하나님의 향기로운 제물이며 하나님의 기쁨이 되는 성도들이 되기를 더욱 소원합니다.

교회가 커지다 보니 일일이 여러분을 직접 만날 수는 없습니다. 그러나 여러분의 선행이 제게 전달되지 않는 것은 아닙니다. 이모저모로 들려오는 좋은 소식이 수없이 메일로, 편지로, 구두로 제게 전달됩니다. 그런 소식을 들을 때마다 제가 얼마나 기쁜지 모릅니다. 여러분의 착한 일을 들을 때마다 "하나님이 참 기뻐 하셨겠구나, 하나님이 받으시는 향기로운 제물이로구나" 하는 마음이 듭니다.

어떤 집사님은 최근 암에 걸리셨습니다. 암이란 게 정서적으로는 사형 선고 받은 것처럼 무겁게 다가오는 병입니다. 이 집사님도 마음으로는 "내가 이제 다 살았구나" 하는 마음이 들었답니다. 그래도 치료는 해야 하니까 병원을 정하고 치료를 하는 중에 셀에서 함께 기도하고, 교역자들에게 안수 기도를 받고 수술을 했는데 생각보다 경과가 좋아 암에서 자유하게 되었습니다. 얼마나 좋았는지 이 모든 것이 하나님의 은혜라는 마음이 가득했습니다. 그리고 곰곰이 생각하기를 이렇게 인도하신 하나님의 은혜를 어찌 보답할까 하다가 암 진단을 받고 탄 보험금 전액을 독거노인과 불우 학생들의 장학금으로 써 달라고 지정헌금 했다는 것입니다. 이 소식을 듣고 담임목사로서 얼마나 행복했는지 모릅니다.

한번은 편지가 왔는데 아주 힘겹게 사는 어르신이 보낸 편지였습니다. 편지의 내용인 즉은 속해 있는 교구 목사님에 대한 이야기였습니다. 교구목사님이 자주 심방을 오시고 오실 때마다 뭘 그렇게 싸가지고 온다는 겁니다. 그런 목사님이 고마워 목사님이 일어서실 때면 어르신도 뭐라도 챙겨 드렸는데 교구목사님 입장에서는 드려도 편치 않은데 받아 오는 것이 곤란했나 봅니다. 안 받는다고 실랑이를 하는데 형편이 어려워도 주고 싶은 마음이 있으니 마음을 받으라는 어르신의 성화에 받기는 하셨답니다. 그런데 그 날 저녁에 그 목사님에게 전화가 걸려 왔습니다.

"목사님! 또 무슨 일이세요?"

"집사님! 문 앞에 막 담근 김치를 놓고 갔으니 아들이 해준 것이라고 생각하고 맛있게 드세요."

"자꾸 주시면 어떻게 해요? 목사님네도 애들이 있는데....."

"좋은 것을 못 드려 죄송합니다."

"......."

전화 통화하는 중에 마음이 북받친 어르신은 더 이상 말을 이어갈 수가 없었습니다. 육신의 아들에게도 버림받고 밤마다 고통스럽게 살을 후벼 파는 고통을 안고 사는 이 어르신은 참 행복했다고 말씀했습니다. 받은 김치보다 신앙 좋은 아들 하나를 얻었다는 생각에 그날 밤에 하염없이 우셨답니다.

김치 한 통으로도 사람을 울게 할 수 있습니다. 적은 것이지만 마음을 담으면 행복을 불러 올 수 있습니다. 하나님께서 이런 모습들을 보실 때 마음이 어떠실까요? 하나님도 행복하지 않으시겠습니까? 자녀들이 서로 주거니 받거니 하는 모습은 아버지 하나님께 얼마나 큰 기쁨인지 모릅니다. 나눔과 섬김은 사람도 행복하게 하지만 하나님께도 기쁨이라는 것을 기억하십시오. 하나님이 우리에게 원하시는 것은 아름다운 노래가 아닙니다. 매끄러운 기도 한 절이 아닙니다. 서로 섬기고 서로 나누는 마음을 기뻐하십니다. 그런 마음이 담긴 예배가 하나님께서 받으실 만한 향기로운 제사인 것입니다.

우리의 나눔과 섬김이 때로는 사람에게 기억되지 않을 수 있습니다. 우리가 최선을 다했는데 사람은 잊을 수 있고 우리 생각만큼 고맙게 받아 드리지 않을 수도 있습니다. 그러나 확실한 것은 사람은 기억하지 못해도 하나님은 반드시 기억하신다는 사실입니다.

"내가 진실로 너희에게 이르노니 너희가 여기 내 형제 중에 지극히 작은 자 하나에게 한 것이 곧 내게 한 것이니라" 마태복음 25:40

하나님께서는 작은 자에게 행한 작은 일을 기억하시겠다고 하셨습니다. 그것이 무엇이건 간에 연약한 형제의 눈에 행복한 눈물을 흐르게 한다면 하나님은 그 일을 하나님 자신에게 한 일로 여기신다는 것입니다. 혹시 사람이 몰라준다고 서운해 하지 마세요. 하나님께 향기로운 제물이 되었으면 그것으로 충분합니다.

우리교회가 참 많은 일을 합니다. 특히 복지와 교육 분야에 있어서는 안산에서 큰 획을 그은 교회입니다. 그러다 보니 여기저기서 인터뷰 요청이 참 많습니다. 제가 형식적으로는 대표자라 제게 그 요청이 들어오는데 저는 거의 다 거절 하는 편입니다. 사실 그 일들을 하신 분들은 여러분들입니다. 저는 다만 여러분들에게 도전을 주고, 거든 것일 뿐 실제로는 여러분들이 다 하신 것입니다.

우리가 행한 모든 선한 사역들이 하나님이 받으시는 향기로운 제물이 되었으면 충분합니다. 하나님이 기뻐하셨으면 그것으로 만족합니다. 세상이 알아주지 않는다고 서운해 할 필요 없습니다. 의도적으로 세상에 알리려고 노력할 필요도 없습니다. 우리의 만족은 하나님께 있으니까요. 하나님이 받으시는 향기로운 제물 되었으면 저도 여러분도 그것으로 충분하지 않습니까?

앞으로도 하나님께 향기로운 제물이 되는 일만 하십시다. 누가 알아주던, 알아주지 않던 하나님이 기뻐하실 일이라면 두 팔 걷어 부치고 앞장 서는 저와 여러분이 되시기를 바랍니다. 그래서 이 안산을, 여러분이 사시는 도시를, 우리 공동체를 행복한 공동체로 만드는 일에 집중하실 수 있기를 원합니다.

IIIII 나눔과 섬김은 하늘 창고를 활짝 연다

바울 사도가 평생 빌립보 교인들을 잊을 수 있었을까요? 절대 잊지 못했습니다. 그들이 바울의 가슴에 새겨 놓은 나눔과 섬김은 어떤 순간에도 바울의 가슴에서 활활 타올랐습니다. 그리고 바울 역시 자신이 받은 나눔과 섬김은 또 다른 사람들에게 전해주며 생애를 불태웠습니다. 바울은 빌립보 교인들에게 온 마음을 다해 축복합니다.

"나의 하나님이 그리스도 예수 안에서 영광 가운데 그 풍성한 대로 너희 모든 쓸 것을 채우시리라" 빌립보서 4:19

우리가 나눔과 섬김을 계속하면 우리를 향한 하나님의 나눔과 섬김도 계속됩니다. 우리가 하나님께 향기로운 제물이 되면 그 제물을 받으시는 하나님께서는 은혜의 기름을 우리 인생에 내려주십니다. 하나님의 마음을 기쁘시게 하면 하나님은 그 자녀들이 기뻐할 만한 일들을 만드십니다. 순간순간 풍성한 것으로 채워 우리 마음과 육신의 삶을 넉넉하게 만드십니다.

잠언 8장 20~21절에 "나는 정의로운 길로 행하며 공의로운 길 가운데로 다니나니 이는 나를 사랑하는 자가 재물을 얻어서 그 곳간에 채우게 하려 함이니라" 하셨습니다. 우리가 하나님의 정의, 그리스도의 공의를 세상 가운데 세워나가면 하나님께서는 우리가 하나님의 공의를 더 많이 드러낼 줄 믿으시고 우리의 곳간을 채워 주실 것입니다. 그 곳간이 하나님의 은혜의 통로가 될 줄 믿고 채우시는 것입니다. 하나님의 믿음을 얻으면 더 큰 분량을 감당하는 것은 청지기의 운명입니다. 착하고 충성된 종에게 더 맡기시는 것이 당연한 이치니까요.

말씀대로만 사시기 바랍니다. 얻고자 하는 자는 잃고 잃고자 하는 자는 얻습니다. 나누는 자는 더 누리고 취하고자 하는 자는 가진 것도 빼앗깁니다. 흩어 구제하여도 더욱 부하게 되는 일이 있나니 과도히 아껴도 가난하게 될 뿐입니다. 주신 분도 여호와, 취하신 분도 여호와라는 신앙으로 하나님께서 주신 모든 것을 이 땅에서 아낌없이 쓰고 영혼을 구원하고 하나님의 영광이 되는 삶을 사시기 바랍니다. 그것이 천국에 상급을 쌓는 지혜로운 삶입니다.

"오직 너희를 위하여 보물을 하늘에 쌓아 두라 거기는 좀이나 동록이 해하지 못하며 도둑이 구멍을 뚫지도 못하고 도둑질도 못하느니라" 마태복음 6:20

PART 07

희망을
굳게
잡아라

희망을 굳게
잡아라

|||| 희망을 굳게 잡고 있는가

아시아에서 한자를 사용하는 나라들은 연말이 되면 그 해를 규정하는 단어나 사자성어를 선택하여 발표합니다. 중국은 올해의 한자로 '나아갈 진(進)' 자를 선택했습니다. 긍정적인 에너지를 모아서 세계의 중심에 섰다는 뜻을 반영한 것 같습니다. 일본은 '바퀴 륜(輪)' 자를 선정했습니다. 역시 미래를 향해 계속해서 굴러갔다는 의미가 담겨 있는 듯합니다.

그러면 우리나라는 어떤 글자를 선택했을까요? 2001년부터 우리나라 대학교수협의회는 교수들의 중론을 모아 한 해를 규정하는 사자성어를 선정하여 교수신문에 발표를 하는데 '도행역시(倒行逆施)'로 정하였습니다. 이 뜻은 "순리를 거슬러 행동한다"라는 뜻이라고 합니다. 대학교수들이 보는 우리나라는 순리는 사라지고 역리가 판쳤다고 보는 것 같습니다. 매우 부정적인 평가입니다. 그 전 해에 선정된 사자성어가 '거세개탁(擧世皆濁) ; 온 세상이 모두 탁하다'라는 뜻이었으니 2년째 부정적 의견을 내 놓은 것입니다.

사실 주변을 둘러보면 온통 '부(不)'자 투성입니다. 안 된다, 못한다, 할 수 없다, 실망스럽다, 등등의 부정적인 언어와 사고가 우리의 삶을 지배하려고 듭니다. 이런 시대적 흐름 앞에서 하나님께서 제게 주신 단어는 '희망'이라는 단어였습니다.

'하나님이 하신다!

모든 부정적 상황을 하나님이 깨신다!

우리는 마침내 잘된다!'

이 희망의 메시지를 외치기를 원하시는 하나님의 마음을 발견했습니다. 아무도 희망을 이야기하지 않을지라도 여러분에게 희망을 말하고 싶습니다. 비록 세상은 절망을 외치고 있을지라도 저는 희망을 외칠 것입니다. 그래서 내 주변에 모든 이들과 희망을 나누는 희망전도사가 될 것입니다. '나 때문에 희망을 품는 교회, 우리 교회 때문에 희망을 갖는 도시, 이 도시 때문에 희망을 꿈꾸는 대한민국'이 우리에게 주시는 하나님의 놀라운 계획이라고 믿습니다.

제가 여러분에게 부정적인 말, 부정적인 생각을 하지 말고 희망을 굳게 잡으라고 하는 이유는 희망이야말로 우리를 향하신 변치 않는 하나님의 계획이기 때문입니다. 단순하게 생각해 보십시오. 우리는 하나님의 자녀들입니다. 그렇다면 하나님께서는 우리가 잘되기를 원하실까요? 아니면 쫄딱 망하기를 원하실까요? 분명하잖습니까? 당연히 잘되기를 원하십니다. 그러니 잘되기를 원하시는 하나님을 믿는다면 어떻게 부정적인 생각을 하고 부정적인 말을 하고 부정적인 행동을 할 수 있습니까? 모든 부정적 행위는 하나님을 불신하는 겁니다. 하나님을 믿으면 그렇게 생각하고, 말하고, 행동해서는 안 되는 것입니다.

예레미야 29장 11절에 "여호와의 말씀이니라 너희를 향한 나의 생각을 내가 아나니 평안이요 재앙이 아니니라 너희에게 미래와 희망을 주는 것이니라."고 말씀합니다. 세상이 아무리 혼탁하고 힘들고 절망의 먹구름이 가득해도 하나님이 우리에게 주시고자 하는 것은 재앙이 아니라 평안입니다. 세상은 아무리 도행역시, 거세개탁을 외쳐도 우리 믿는 자들은 미래와 희망을 주시려는 하나님의 말씀을 외쳐야 합니다. 그것이 믿는 자의 도리이며 온전한 신앙인의 모습입니다.

인생을 살면서 희망을 잃지 않는 첫걸음은 예수의 피를 의지하는 것입니다. 예수의 피는 하나님과 우리 사이의 막힌 담을 헐고 죽음과 멸망의 기운을 제거합니다. 예수님께서 우리를 위하여 피 흘려주심으로 가장 먼저 일어난 사건은 성소의 휘장이 둘로 찢어지는 것이었습니다. 예수님의 피 흘리심 이전까지는 아무나 성소에 들어갈 수 없었습니다. 성소로 들어갈 때마다 혹시 죽을까 두려웠습니다. 그러나 예수의 피 흘리심으로 인해 모든 두려움이 사라지고 우리는 자유함으로 하나님 앞에 나가게 되었습니다. 마치 자녀가 아버지 앞에 나가는 것을 두려워하지 않는 것처럼 마음껏 하나님께 나갈 수 있게 된 것입니다.

휘장을 찢은 예수의 피가 의미하는 것이 무엇입니까? 하나님의 자녀들은 이제 더 이상 두려워하지 말라는 겁니다. 예수께서 십자가에서 피 흘려 휘장을 찢으신 것은 마귀의 정죄도 두려워 말고, 세상이 주는 억압도 두려워 말고 당당하게 살라는 신호와 같습니다. 예수의 피를 힘입어 성소에 들어갈 뿐 담력을 얻었는데 어딘들 못가겠습니까? 누구를 두려워하겠습니까?

우리가 예수님의 피를 의지할 때 가장 먼저 변화되는 것은 우리의 영적인 신분입니다. 예수 믿으면 우리의 신분은 종에서 자녀로 바뀌게 됩니다. 요한복음 1장 12절에 "영접하는 자 곧 그 이름을 믿는 자들에게는 하나님의 자녀가 되는 권세를 주셨다."고 하셨습니다. 우리가 예수의 피를 믿으면 우리는 하나님의 자녀가 되고 하나님의 자녀들에게는 자녀의 권세가 주어집니다.

하나님 자녀의 권세란 무엇입니까? 먼저는 천국의 상속자가 되는 권세입니다. 에베소서 2장 8절에서 "너희가 그 은혜를 인하여 믿음으로 말미암아 구원을 얻었나니 이것이 너희에게서 난 것이 아니요, 하나님의 선물이라"고 했습니다. 자녀들에게 아버지가 주는 선물은 보혈의 능력이요, 구원의 은혜인 것입니다. 최고의 선물입니다. 저와 여러분에게 이 최고의 선물이 주어진 것을 믿으시고 천국 상속자의 권리를 누리십시오.

천국 상속자가 된 것도 감사한데 그것으로 끝이 아닙니다. 우리는 천국을 상속 받았을 뿐 아니라 이 땅에서 살아가는 동안 예수님의 영이신 성령님의 인도하심을 받게 됩니다. 성령께서 우리의 심령 안에서 목자가 되어 동행하시고 안전하게 인도해 주신다는 겁니다. 이 세상이 지금처럼 부정적 사유를 하는 이유가 뭡니까? 점집 찾아다니는 사람들은 도대체 왜 그런 행동을 하는 것입니까? 이유는 단 하나입니다. 불안해서 그렇습니다. 미래를 알지 못하니까 불안한 거예요. 그러니까 점집 가면, 운세 보면 그 불안함이 달래질까 갔다가 골탕 먹는 것입니다.

그런데 예수님 믿으면 성령님이 우리와 동행하시기 때문에 그 불안에서 자유하게 됩니다. 물론 성령님께서 왼쪽 길로 가라 오른쪽 길로 가라 직접 얘기해 주시는 경우는 극히 드뭅니다. 그러나 성령님이 하나님의 자녀들인 우리를 인도해 주실 때 정확하게 알려 주시지 않았어도 확실한 것이 하나 있습니다. 반드시 좋은 길로 인도해 주신다는 것입니다. 그래서 그 성령님만 믿으면 평안한 겁니다. 더 이상 미래가 두렵지 않게 되는 것입니다.

이스라엘 광야에는 곳곳에 골짜기가 있습니다. 그리고 광야의 골짜기에는 바위틈들이 많이 있는데 그 틈 안에는 온갖 맹수들이 웅크리고 있다가 초장을 찾아 이동하는 양들을 노립니다. 시편 23편에 나오는 사망의 음침한 골짜기가 양들의 이동 경로 곳곳에 있는 것입니다. 양들이 그 골짜기를 지나지 않으면 좋으련만 그럴 수 있습니까? 푸른 초장으로 가려면 어쩔 수 없이 그 골짜기들을 지나가야 합니다. 그러면 양들 중 몇 마리는 맹수에게 죽어야 하는 건가요? 아닙니다. 안전하게 다음 초장으로 이동할 방법이 있습니다. 목자의 음성을 듣고 목자만 따라가는 것입니다. 그러면 안전하게 이동할 수 있습니다.

우리 인생도 마찬가지입니다. 우리를 찾아오는 환경이 늘 푸른 초장, 쉴만한 물가만 있는 것은 아닙니다. 초장과 초장 사이에, 물가와 물가 사이에, 인생 곳곳에 사망의 골짜기가 존재합니다. 무슨 말입니까? 인생을 사는 동안 사망의 음침한 골짜기를 피할 수 없다는 것입니다. 피하고 싶겠지만 피할 수 없습니다. 그러나 사망의 골짜기를 지나면서도 아무 해를 받지 않고 지나갈 방법이 있습니다. 예수님의 피를 의지하고 예수와 함께 그 골짜기를 지나가는 것입니다.

예수님과 동행한다고 우리를 노리는 원수 마귀가 얼씬도 못하는 것은 아닙니다. 우리 주변에서 어슬렁거리며 겁을 줄 것입니다. 우는 사자처럼 삼킬 자를 찾아다닙니다. 그러나 그것으로 끝입니다. 예수님과 동행하는 우리를 겁주고 위협할 수는 있을지 모르지만 목자이신 예수님과 함께 하면 그 이상으로 어찌하지 못합니다. 그것이 마귀가 만드는 환경의 한계입니다. 그러니 두려울 게 무엇입니까? 목자 되신 예수님은 혹시 우리가 뒤쳐져도 그냥 내버려두지 않으세요. 잃어버린 어린 양을 찾는 목자의 마음을 가지신 예수님께서 우리를 찾아 나서십니다. 어떤 상황에서도 찾아 품에 안고 골짜기를 건너 주십니다. 이리떼가 달려든다고 도망치시는 분이 아닙니다. 무슨 일이 있어도 예수님은 우리의 잡은 손을 놓지 않습니다. 예수님은 자신을 빗대어 선한목자라고 하셨습니다.

"나는 선한 목자라 나는 내 양을 알고 양도 나를 아는 것이 아버지께서 나를 아시고 내가 아버지를 아는 것 같으니 나는 양을 위하여 목숨을 버리노라" 요한복음 10:14~15

우리가 선한 목자이신 예수님을 의지한다면 우리 인생은 평안할 것입니다. 양들을 위하여 목숨을 버리시는 예수의 피가 우리를 덮으면 그 어떤 사망의 골짜기도 안전하게 지나가게 될 줄 믿습니다. 인간적인 꼼수는 내려놓고 오직 예수의 피에 힘입겠다는 결심을 새롭게 하시기 바랍니다. 우리가 온전히 예수님을 힘입으면 그 다음은 하나님이 다 알아서 하십니다. 생각지도 못한 형통의 길을 열어 주십니다. 저와 여러분에게 그 믿음이 있으셔야 합니다. 그래야 기적이 일어납니다.

야곱의 인생을 보십시오. 그는 어떻게든지 자기 노력으로 성공해 보려고 애썼습니다. 그런데 남은 것이 무엇입니까? 그에게 찾아온 결말은 가진 것 다 잃어버리고 광야로 쫓겨나는 것이었습니다. 거기서 돌베개를 베고 잘 때 얼마나 두려웠겠습니까? 한 치 앞도 예측할 수 없는 자신의 인생이 얼마나 막막했겠어요? 그런데 그 막막했던 야곱에게 놀라운 일이 일어납니다. 황량한 광야 벌판으로 하나님께서 찾아오신 것입니다. 야곱이 하나님의 복을 얻기 위하여 그토록 인간적인 노력을 다했지만 하나님을 만나지 못했습니다. 그런데 그 인간의 꼼수를 다 내려놓고 오직 하나님 외에는 방법이 없음을 고백 하자 하나님이 찾아 오셔서 그에게 복을 주셨습니다.

그 사건으로 야곱은 큰 깨달음을 얻었습니다. 하나님은 내가 찾는다고 만날 수 있는 분이 아니라 자신의 인간적인 의지를 내려놓고 온전히 주님을 의지할 때 만날 수 있는 분이라는 사실을 깨닫게 된 것입니다. 그래서 야곱은 이렇게 고백합니다.

"야곱이 잠이 깨어 이르되 여호와께서 과연 여기 계시거늘 내가 알지 못하였도다 이에 두려워하여 이르되 두렵도다 이곳이여 이것은 다름 아닌 하나님의 집이요 이는 하늘의 문이로다" 창세기 28:16~17

내가 하나님을 찾는 것이 아닙니다. 우리가 온전히 예수의 피를 힘입을 때 하나님이 우리를 찾아오십니다. 예수의 피는 은혜입니다. 은혜는 내 노력의 결과가 아닙니다. 겸손히 간구하면 임하는 것이 은혜입니다. 우리가 겸손히 예수의 피를 의지할 때 은혜가 우리를 찾아올 것입니다. 어려운 상황에 놓이셨어요? 그냥 마음의 눈을 열어 예수를 바라보십시오. 그러면 척박한 땅에서도 하나님의 집을 보는 눈을 갖게 되는 것입니다. 아무리 막막한 터널과 같은 인생이라 할지라도 하늘의 문을 발견하게 될 것입니다. 어떤 상황에서도 소망을 품게 될 수 있습니다.

희망을 갖기 원하십니까? 그렇다면 목자이신 예수님과 동행하시기 바랍니다. 예수의 피를 힘입어 살아가십시오. 그러면 여러분은 사망의 음침한 골짜기를 지나도 해를 받지 않게 될 것입니다. 그 사망의 골짜기에서 소망의 태양이 솟아나는 것을 보게 될 줄 믿습니다. 잠언 1장 33절에 "오직 내 말을 듣는 자는 평안히 살며 재앙의 두려움이 없이 안전하리라"고 말씀하십니다. 하나님 말씀만 듣고 따라가세요. 예수의 피만 힘입으십시오. 그래서 여러분의 인생길에 희망의 찬가가 울려 퍼지기를 소원합니다.

⦚⦚⦚ 희망을 굳게 잡는 비결 2 : 공동체

초대교회 성도들은 지금과 비교할 수 없는 부정적 환경에서 살던 사람들입니다. 엄청난 핍박과 환란이 그들에게 밀려 들어왔습니다. 하룻밤 자고 일어나면 예수 믿는 것 때문에 기름 가마에 던져지고, 톱으로 쓸리기도 하고 사자 굴에 들어가 죽었다는 소식을 듣는 것이 일상이었습니다. 감정적으로 극심한 스트레스에 시달렸을 것입니다. 이런 세상에서 무슨 소망이 있었겠습니까? 자살하지 않고 버티는 것이 이상한 일입니다.

그럼에도 불구하고 초대교회 성도들은 극심한 고난을 이겨내고 마침내 승리했습니다. 그 이유가 무엇이겠습니까? 그들이 예수의 피를 의지함과 동시에 공동체로 모여 있었기 때문입니다. 우리나라 속담에 '백짓장도 맞들면 낫다'는 말이 있습니다. 함께 하면 고난을 이겨내는데 도움이 된다는 말입니다. 초대교회 성도들이 300년이 넘는 환난을 이겨내고 마침내 승리하는 백성이 될 수 있었던 것은 개인적인 신앙 때문만은 아니었습니다. 그들이 공동체로 모일 때마다 서로 위로하고 서로 용기주고 서로 가르쳤습니다.

"서로 돌아보아 사랑과 선행을 격려하며 모이기를 폐하는 어떤 사람들의 습관과 같이 하지 말고 오직 권하여 그 날이 가까움을 볼수록 더욱 그리하자" 히브리서 10:24~25

지금도 그렇습니다. 공동체로 모여 있을 때 능력이 나옵니다. 그것이 하나님의 원리이기 때문입니다. 예수님은 "두세 사람이 내 이름으로 모인 곳에는 나도 그들 중에 있겠다"고 약속하셨습니다. 에베소서 1장 23절에서 "교회는 그의 몸이니 만물 안에서 만물을 충만하게 하시는 이의 충만함"이라고 하십니다. 예수님이 친히 공동체의 머리가 되어 주셨다고 말씀하고 있습니다. 예수님께서 공동체를 이처럼 중요하게 여기신 것입니다. 그러므로 우리가 공동체를 힘입으면 머리되신 예수님으로부터 흘러내리는 은혜를 경험하게 되는 것입니다.

공동체를 우습게 여기지 마십시오. 제가 오랜 세월 목회를 하며 발견한 것이 있습니다. 빤짝했는데 길게 목회를 하지 못하는 목사님들의 공통점은 자신의 삶을 나누는 공동체가 없다는 것입니다.

능력은 많고 직장도 좋은데 그 열매를 오래 누리지 못하는 사람들을 보면 대부분이 가정 공동체가 파괴된 사람들입니다. 가화만사성(家和萬事成)이라 했습니다. 가정공동체가 엉망이면 개인의 인생도 엉망이 됩니다. 교회 공동체를 무시하면서 신앙생활 잘하는 것은 불가능합니다. 하나님의 원리가 아니기 때문에 교회를 떠난 신앙은 있을 수 없습니다. 공동체를 힘입지 않고 소망을 굳게 갖는 것이 기적입니다. 그런 사람 있으면 저한테 소개 좀 해 주세요. 천연기념물인데 꼭 보고 싶습니다.

그러면 그토록 중요한 공동체 안에서 무엇을 해야 할까요? 먼저는 사랑과 선행으로 격려하십시오. 이 시대는 격려가 부족한 시대입니다. 어디서도 격려보다는 질책을 많이 받습니다. 그렇기 때문에 격려하는 공동체가 더 필요합니다. 잠언 16장 24절에 "선한 말은 꿀 같아 마음에 달고 뼈에 양약이 된다"고 했습니다. 슬며시 건네는 한 마디의 영적 위로는 지친 이들에게 소망을 굳게 잡게 하는 힘이 될 수 있습니다.

예수님도 하나님께 '이는 내 사랑하는 아들이요, 기뻐하는 자'라는 격려를 받으셨습니다. 그 격려가 인류의 구원자로서의 사명을 감당하는 예수님께 큰 힘이 되었습니다. 바울과 함께 1차 전도여행을 떠났다가 힘들다고 도망친 마가 요한에게 다시 기회를 주며 격려한 바나바가 있었기 때문에 그는 마가복음을 기록할 수 있었고 마침내 바울에게도 '나의 일에 유익한 자'라는 칭찬을 듣게 된 것입니다. 여러분도 격려하시되 공동체 안에서 사랑과 선행으로 격려하시기 바랍니다.

공동체 안에서 해야 할 또 다른 사역은 함께 모이기를 기뻐하는 것입니다. 어떤 상황에서도 모이기를 폐하려는 시도는 하지 마십시오. 그건 여러분이 은혜의 통로를 잃어버리는 것입니다. 은혜의 자리에 있을 때 기적도 경험하고 소망도 발견할 수 있습니다. 초대교회 때 처음으로 성령 받았던 120명의 제자들은 승천하시는 예수님의 명령인 '예루살렘을 떠나지 말고 함께 모여 아버지께서 약속하신 성령을 기다리라'는 말씀에 순종하였고, 그 순종이 기반이 되어 성령을 경험했습니다. 초대교회의 부흥은 날마다 마음을 같이하여 성전에 모이기를 힘쓸 때 임하였습니다. 우리도 마찬가지입니다. 은혜도, 부흥도, 소망도 공동체로 함께 모이기를 사모할 때 나타날 것입니다.

제 방에 참 많은 사람들이 찾아오는데 곰곰이 보면 사연이 기구한 사람은 혼자 오지 않습니다. 가족이나 셀 리더나 친구들과 함께 옵니다. 왜 그럴까 생각해 봤는데 제가 내린 결론은 서로 자신의 아픔을 나누다가 "김인중 목사님께 가서 기도 받아 보자. 내가 함께 가 줄께"이래서 오게 된 것 같습니다. 만약 혼자 끌어안고 고민했다면 그런 지혜로운 발걸음을 할 수 있었겠습니까?

여러분의 공동체에 무거운 문제를 가져오는 형제자매들을 힘들어 하지 마십시오. 여러분의 공동체에 소망을 잃은 사람을 부담스럽게 여기지 마십시오. 그들이 자신의 아픔을 내 놓는 이유는 해결해 달라고 내 놓는 것 아닙니다. 그냥 내 문제를 함께 돌아봐 달라고 내 놓는 것입니다. 공동체에 아픔을 내 놓았다면 그것을 가지고 하늘 아버지에게로 가져가십시오. 서로 돌아봄의 첫 걸음은 문제꺼리를 하늘로 가져가는 것입니다. 그러면 생각지도 못했던 해결의 실마리를 잡을 수 있습니다.

한 방송사가 어떤 유명한 수도원에 인터뷰 하는 중에 '30초 내에 수도원 생활을 설명한다면 무엇이라고 말하겠느냐'고 물었습니다. 그러자 한 수도사가 이렇게 답변했답니다.

우리는 넘어졌다가 일어섭니다.

우리는 넘어졌다가 일어섭니다.

우리는 넘어졌다가 일어섭니다.

짧은 설명이지만 참 많은 것을 깨닫게 합니다. '내'가 아니라 '우리'로 넘어져야 다시 일어날 수 있는 것입니다. 그리고 계속 일어설 수도 있습니다. 공동체는 이런 힘이 있습니다. 사랑과 선행으로 격려하며 모이기를 기뻐하는 공동체에 머무는 사람들은 다시 일어설 수 있는 소망을 굳게 가지게 될 것입니다.

저나 여러분이나 아직 인생의 끝에 이르지 않았습니다. 그러므로 현재에 너무 일희일비(一喜一悲)할 필요 없습니다. 승리는 종료 휘슬이 울린 후에 결정 나는 것처럼 우리 인생도 아직 어찌 될지 모릅니다. 그러므로 현재 상황에 흔들리지 마십시오. 우리가 해야 할 일은 최선을 다해 우리의 미래에 희망을 주시고자 하는 예수님을 의지하는 것입니다. 부정적으로 말하는 모든 외부의 압력을 이겨내고 소망을 굳게 잡기만 하십시오. 예수님 힘입고, 하나님께서 주신 공동체를 의지하여 우리의 소망을 굳게 하면 반드시 우리의 미래는 환하게 빛날 것입니다.

1824년, 런던 시내의 길 한 모퉁이에서 12살의 초라한 한 소년이 열심히 구두를 닦고 있었습니다. 너무나 가난했던 소년은 아무도 돌봐주는 사람이 없었기 때문에 먹을 것을 얻기 위하여 열심히 구두를 닦아야만 했습니다. 누가 보더라도 불행하기 그지없는 소년이었습니다. 그런데 이 소년은 늘 콧노래를 흥얼거리는 이상한 버릇이 있었습니다. 구두를 닦던 한 신사가 소년에게 뭐가 그렇게 즐겁냐고 묻자 소년은 이렇게 대답했습니다.

"저는 지금 구두를 닦고 있는 게 아니라 희망을 닦고 있거든요."

불행한 환경에서도 나는 희망을 닦는다고 말했던 이 소년은 '올리버 트위스트'를 쓴 세계적인 작가 찰스 디킨스입니다.

언제나 희망을 닦았던 찰스 디킨스처럼 소망을 굳게 잡으면 승리할 수 있습니다. 여러분의 인생 앞에 장애물이 있습니까? 그래도 좋습니다. 그 장애물이 여러분을 넘어뜨리지 못할 것입니다. 강한 바람이 독수리를 더 빨리, 더 쉽게 날게 하는 것처럼 인생의 장애물들은 우리를 더 강하게 만들 것입니다.

셰인 로페즈가 쓴 '희망과 함께 가라'라는 책에 보면 희망에 가득 찬 사람들은 자신의 삶에서 네 가지 믿음을 가진다고 말합니다.

첫째, 미래는 현재보다 나을 것이다.

둘째, 내겐 그렇게 만들 저력이 있다.

셋째, 목표를 달성하는 방법에는 여러 가지가 있다.

넷째, 여러 가지 방법 중 장애물이 없는 것은 하나도 없다.

승승장구란 장애물을 만나지 않는 인생이 아니라 장애물을 넘어 목표한 곳에 다다르는 삶입니다. 주어진 상황을 바라보는 긍정의 눈과 자기 자신에 대한 믿음, 그리고 그 일을 이루는 과정 중에 찾아오는 어려움을 이기려는 의지가 있는 사람은 희망을 현실로 만들어갑니다.

PART 08

나
자신을
사랑하라

PART 08

나 자신을
사랑하라

|||||| 나 자신을 얼마나 사랑하고 있는가

　미국에서 가장 큰 규모의 교사연수기관이며 리더십 개발 분야에서 가장 빠르게 성장하는 조직 중 하나인 플리펜 그룹의 회장인 플립 플리펜은 선천적인 학습장애자로 태어났습니다. 초등학교 때부터 낙제를 거듭했던 플리펜은 초등학교나 제대로 졸업할 수 있을지 의문이었습니다. 게다가 가정환경도 그리 좋지 못했습니다. 그의 부모는 자주 폭력을 행사했고 이로 인해 플리펜은 학교에서나 가정에서나 기를 펴지 못하는 불행한 삶을 살았습니다.

　그런 플리펜에게 단 하나의 낙이 있다면 친절한 선생님의 격려였습니다. 선생님은 가정과 친구들에게 학대를 받는 플리펜을 소중한 인격으로 대해 주었습니다. 물론 학습은 계속해서 부진했지만 그럴수록 선생님의 격려는 계속되었고 선생님의 격려에 힘입어 플리펜은 무사히 진학을 할 수 있었습니다. 플리펜은 어디를 보나 예쁜 구석

하나 없는 자신을 외면하지 않고 돌보아 준 선생님이 그렇게 고마울 수 없었습니다. 그리고 그 경험은 플리펜에게 언젠가는 자신도 반드시 남을 돕는 사람이 되겠다는 열망을 품게 하였습니다.

그로부터 20여 년 후에 플리펜은 거리에 방황하는 아이들을 위한 무료상담소를 운영하며 실패한 사람들이 재기할 수 있도록 돕는 일을 시작하게 되었습니다. 그런데 이 프로그램이 얼마나 좋았던지 운동선수, 교사, 기업체 등에서 플리펜의 프로그램을 도입하였고 큰 성과를 보게 되었습니다. 메이저리그의 전설적인 투수 놀란 라이언, 자동차 경주선수 테리 브래드쇼, 스포츠 마케팅의 창시자 마크 맥코믹 등 수많은 사람들이 플리펜 때문에 슬럼프를 극복할 수 있었습니다. 지금도 그는 자신의 농장에서 20명의 고아들과 함께 생활하며 실패한 사람들에게 그들이 왜 소중한 존재인지 알려 주는 일을 하고 있습니다.

스스로 약점을 극복하고 인생의 반전을 이뤄낸 플리펜은 자신이 쓴 '위대한 반전'이라는 책에서 약점을 극복하고 강점을 발견하는 가장 좋은 방법으로 '장점 리스트'를 만들고 그것이 자기화 될 때까지 반복해서 읽으라고 말합니다. 그렇게 반복하는 동안 '왜 내가 소중한 존재인지를 발견하게 되고 스스로의 성공을 확신하게 된다'는 것입니다.

저는 이 의견에 전적으로 동의합니다. 우리가 실패하는 이유는 무엇입니까? 자신을 믿지 못하기 때문입니다. 눈에 보이는 한계에 사로잡혀 내 안에 잠재된 무궁무진한 능력을 사장시키기 때문에 발전이 없는 것입니다. 머리가 나쁘다든지, 물려받은 것이 없다든지, 돕는 사람이 없다든지, 태어나기를 재수가 없게 태어났기 때문에 해봤자 안 된다는 말로 자신의 능력을 반감시키는 이들이 얼마나 많은지 모릅니다. 정말 그럴까요? 그렇게 생각한다면 여러분은 불신자입니다. 하나님을 믿는다고 하지만 실상 하나님에 대한 믿음이 없는 사람입니다.

우리는 눈에 보이는 환경을 믿어서는 안 됩니다. 물론 환경은 우리에게 상당한 영향력을 행사합니다. 불우한 가정에서 자랐거나, 선천적으로 장애를 안고 태어난 경우 더 많은 영향을 받을 수 있습니다. 그러나 그런 환경에서 태어났다고 해서 우리 안에 내재된 근본적 가치가 사라지는 것은 아닙니다. 어떤 환경에 놓인다 할지라도 훼손될 수 없는 가치가 우리 안에 있습니다. 인간이 정글에 버려져 원숭이의 손에 키워졌다고 원숭이가 될 수 있습니까? 행동 양식은 원숭이 같을지라도 변하지 않는 가치는 그가 사람이라는 것입니다. 이처럼 우리가 어떤 상황에 놓인다 할지라도 우리에게 변하지 않는 가치가 있는데 그게 뭡니까? 우리가 '하나님이 만드신 최고의 피조물이며 하나님이 기뻐하되 심히 기뻐하시는 존재'라는 사실입니다.

‖‖‖ 나 자신을 사랑하는 비결 1 : 나는 하나님의 형상이다

진화론자들은 간단한 것에서 복잡한 것으로, 하등생물에서 고등생물로 진화가 이루어져 왔다고 주장합니다. 물론 명확한 증거는 전혀 없습니다. 진화론자들의 주장대로라면 하등생물과 고등생물 사이에 중등생물이 있어야 하는데 세상 어디를 봐도 전혀 존재하지가 않습니다. 그것을 일명 고리라고 하는데 어디에도 고리의 증거가 나오지 않습니다. 그래서 그들은 중간단계를 '잃어버린 고리'라고 하는데 더 정확한 표현은 '원래 존재할 수 없는 고리'가 맞습니다.

모든 생물은 그 종류대로 하나님이 창조하신 것입니다. 그리고 그중에 가장 세밀하고 아름답고 신비한 존재로 사람을 만드셨습니다. 그것이 사람과 다른 생물의 차이입니다. 만드신 분이 같기 때문에 비슷한 부분도 있습니다. 눈이 둘이라든지, 코로 숨을 쉰다든지 하는 기초적 기능은 비슷합니다. 그러나 사고, 감정, 이성 등과 같은 고도로 복잡한 인격적 기능은 오직 사람에게만 있습니다. 왜일까요? 그 이유는 사람이 하나님의 형상과 모양대로 지음 받았기 때문입니다.

삼위 하나님의 형상을 따라, 삼위 하나님의 모양대로, 삼위 하나님께서 협력하여 만드신 존재가 사람입니다. 다른 피조물과 달리 사람을 만드실 때는 하나님께서 직접 모델이 되어 주셨습니다. 스스로 완벽하신 존재시기 때문에 사람은 가장 완벽한 하나님을 모델로 창조된 것입니다. 그러므로 사람은 피조물 중에 가장 완전한 존재라 할 수 있습니다.

"하나님이 이르시되 우리의 형상을 따라 우리의 모양대로 우리가 사람을 만들고 그들로 바다의 물고기와 하늘의 새와 가축과 온 땅과 땅에 기는 모든 것을 다스리게 하자 하시고" 창세기 1:26

시편 8편 5절에서는 "사람을 하나님보다 조금 못하게 하시고 영화와 존귀로 관을 씌우셨다"고 말씀합니다. 사람은 그런 존재입니다. 그런데 그 사람 안에 누가 포함됩니까? 여러분 자신이 그 완전한 피조물 안에 포함됩니다. 그러니 여러분 안에 얼마나 큰 가능성이 내재되어 있는 것입니까? 하나님께서 직접 '사람은 피조물 중에 가장 으뜸'이라고 인정 하신 것입니다. 그래서 우리가 하나님의 형상대로 지음 받았다는 사실을 100% 받아들이면 우리는 하나님이 허락하시는 모든 일을 감당할 수 있다고 믿습니다.

지금 이 시간에도 창조를 믿지 못하는 진화론자들은 '인간이란 원숭이가 진화하여 된 것'이라고 하겠지만 수천 년 동안 변치 않는 하나님 말씀은 인간은 먼지가 우연히 아메바가 되고 그 아메바가 수억 년 동안 진화하여 원숭이가 되고 그 원숭이가 수만 년 진화하여 사람이 된 것이 아니라 태초에 하나님께서 가장 완전한 피조물로 만드셨다고 증거 합니다. 외모만 그렇게 창조하신 것이 아닙니다. 하나님께서 인간을 만드실 때 사람 안에 지정의를 담으셨습니다. 골로새서 3장 10절을 보면 "이는 자기를 창조하신 이의 형상을 따라 지식에까지 새롭게 하심을 입은 자"라고 했습니다. 외모만 하나님의 형상이 아니라 우리의 지식까지도 하나님을 닮았다는 말입니다. 가끔 여러분의 자녀들이 똑똑한 일을 할 때가 있죠? 그러면 엄마는 말합니다.

"아휴~ 내 새끼 누굴 닮아 이리도 똑똑하누~"

누굴 닮은 겁니까? 하나님을 닮았기 때문에 똑똑한 것입니다. 그러니 그리 놀랄 일도 아닙니다. 원래 똑똑한 것이 정상입니다. 우리 안에 하나님의 지정의가 담겨 있기 때문에 사람은 지혜롭습니다. 그 지정의 때문에 사람이 동물과 다른 겁니다. 하나님의 성품을 창조 때부터 소유하고 있기 때문에 동물과 다른 것이지, 진화의 정점에 있기 때문에 특별한 것이 아닙니다.

시대를 초월하여 사람은 양심을 귀중한 행동 양식으로 받아들였습니다. 예수님을 알든지 모르든지 선한 것을 추구하고 악한 것을 배격하려는 본능이 사람에게 있습니다. 이런 본능은 도대체 어디서 나온 것입니까? 진화한 겁니까? 그러면 그 진화는 왜 하필 유독 인간에게만 나타납니까? 동물에게는 왜 단 1%라도 선을 추구하려는 태도가 없는 것입니까? 진화론자의 주장대로라면 성품도 진화해서

적어도 지금의 동물들보다는 단 몇 %라도 착한 동물이 있어야 하는 거 아닙니까? 그런데 그런 동물은 본 적이 없습니다. 그거 참 신기한 일입니다.

이 세상에 피조물 중에 오직 인간만이 선한 양심을 가지고 있습니다. 물론 어떤 사람은 동물보다 더 악한 짓을 하기도 하지만 그것은 보편적인 인간의 행동 양식이 아니라 후천적인 이유로 극소수의 사람에게만 나타나는 것입니다. 태어날 때부터 엄마 젖을 물어뜯고 피를 마시는 아기는 없습니다. 모든 사람은 아담의 범죄로 인하여 생긴 악한 본성과 더불어 하나님이 창조하실 때 넣어주신 선한 양심을 갖고 태어나는 것입니다. 그래서 칸트는 '인간의 양심을 밤하늘에 반짝이는 별과 같다'고 했습니다. 비록 구름이 잔뜩 끼면 그 구름 때문에 밤하늘의 별이 보이지 않는 것 같지만 그렇다고 해서 그 빛나는 별이 아예 없어질 수는 없는 것처럼 인간의 죄성이 득세 하여 악한 행동을 한다 할지라도 여전히 인간에게는 선한 마음, 하나님의 성품이 존재한다는 것입니다.

우리가 하나님의 형상으로 지음 받았다는 것을 믿으십니까? 우리는 원숭이에서 진화한 것이 아니라 삼위 하나님의 최고의 창조물이라는 것을 인정하십니까? 그렇다면 그것만으로도 우리는 소중한 존재입니다. 우리가 무슨 재주를 가졌건, 우리에게 어떤 능력이 있건 간에 하나님의 최고의 피조물인 우리는 그 자체로 사랑받을 존재입니다. 그러므로 여러분은 스스로에게 날마다 말씀하셔야 합니다.

"내 안에는 하나님의 형상이 담겼다. 그러므로 나는 소중하다!"

"나는 하나님의 성품을 가졌다. 그래서 사랑받아야 한다!"

여러분의 몸을 함부로 굴리지 마십시오. 아무거나 먹고 아무거나 마시지 마세요. 여러분의 위장은 소중하니까요. 여러분의 생각을 잘 지키십시오. 아무 생각이나 하지 마세요. 여러분의 뇌는 소중하니까요. 함부로 쌍스런 말 하지 마세요. 여러분의 입은 소중하거든요. 자신 안에 하나님의 형상이 있다는 것을 인정한 사람은 절대 함부로 말하고 행동하지 않습니다. 하나님을 닮은 사람이 개처럼, 돼지처럼 행동할 수 있습니까? 그리고 나 자신뿐 아니라 내 형제자매들도 하나님의 형상을 닮았는데 어떻게 그 하나님의 형상에다가 함부로 욕하고 비난하고 저주할 수 있습니까? 자신에게서 하나님의 형상을 본 사람은 타인에게서도 하나님의 형상을 보고 그 형상 안에 담긴 하나님을 존중해야 마땅한 것입니다.

1956년에 미국을 큰 충격에 빠뜨린 사건이 하나 일어났습니다. 명문 중의 명문이라는 휘튼 대학을 졸업하고 성공한 인생을 살 수 있었던 짐 엘리엇과 4명의 젊은이가 자신의 편안함을 버리고 에콰도르의 아우카 부족에게 복음을 전하러 갔다가 4일 만에 창에 찔려 죽는 사건이 일어난 것입니다. 이 사건을 접한 미국 언론들은 하나같이 "What a Waste!(이것이 무슨 낭비인가?)"라고 말했습니다. 전도양양

한 젊은이들이 인간 같지도 않은 야만인들에게 잔혹하게 죽임을 당했으니 그럴 만도 했습니다.

그런데 그 사건이 있은 후 짐 엘리엇의 아내 엘리자베스 엘리엇은 어린 아들 스티브와 함께 남편을 죽인 아우카 부족을 찾아갔습니다. 그들에게 원수 갚으려 한 것이 아니라 남편의 뒤를 이어 아우카 부족에게 복음을 전하러 간 것입니다. 여자는 죽이지 않는 아우카 부족의 전통 때문에 엘리자베스는 그곳에서 인디언들과 함께 생활하며 복음을 전할 수 있었습니다. 그렇게 5년의 세월이 흐른 후에 인디언 추장이 엘리자베스를 찾아왔습니다.

"당신은 백인 여자로 왜 지난 5년간 정글에서 고생을 합니까?"

그 때 엘리자베스는 5년 전에 그들이 들었어야 할 말을 들려줍니다.

"5년 전 강가에서 당신들이 죽인 백인 남자가 내 남편입니다."

"그런데 왜?"

"남편이 당신들에게 하지 못하고 떠난 말이 있습니다. 저는 그 말을 들려 주기 위해 여기에 있는 것입니다."

"우리에게 해주려던 말이 뭡니까?"

"하나님은 당신들을 사랑하시며 나는 당신들의 친구입니다."

그 말을 들은 추장은 몹시 후회하는 눈빛으로 엘리자베스에게 말했습니다.

"그는 이상한 사람이었습니다. 그는 총을 들고 있었고 그것을 쏠 기회도 있었지만 그렇게 하지 않았습니다."

짐 엘리엇은 자신을 죽이려고 창을 들고 달려오는 인디언의 눈 안에서 하나님의 형상을 보았던 것입니다. 그리고 그 하나님의 형상을 사랑했기에 기꺼이 창을 받아들였습니다. 손에 총을 들고 있었지만 하나님의 형상에게 그 총을 겨눌 수 없었던 것입니다.

짐 앨리엇의 죽음은 그 당시 언론이 "What a Waste!"라고 말한 것처럼 낭비 같아 보였습니다. 하지만 짐 엘리엇의 거룩한 행동은 마침내 그 부족 전체를 변화시키는 시작되었고 자신의 가슴에 창을 박아 넣었던 청년을 목사로 변화시키는 기적을 만들어 냈습니다. 모두가 "What a Waste!(이것이 무슨 낭비인가?)"라고 생각했지만, 하나님은 "Not a Waste!(낭비가 아니었다!)"로 바꾸신 것입니다.

어떻게 이런 변화가 가능했습니까? 짐 엘리엇이 그 인디언들 안에서 하나님의 형상을 발견하고 그 형상을 사랑했기 때문이었습니다. 외모야 어떻든 그 안에 하나님의 형상이 있음을 믿고 그들을 존중하고 사랑했기 때문에 아우카 부족에게 복음이 들어간 것입니다. 그런 태도가 짐 엘리엇을 창으로 찌른 인디언을 목사로 만들었습니다. 여러분들도 그렇게 하시기 바랍니다. 먼저는 여러분 자신 안에서 하나님의 형상을 보십시오. 그리고 여러분 자신을 사랑하세요. 함부로 대하지 마십시오. 여러분은 소중한 존재입니다. 그리고 자기 자신을 소중히 여기는 것처럼 우리 형제, 우리 지체, 우리 이웃을 소중히 여기고 사랑하십시오. 그들 안에도 하나님의 형상이 담겨 있음을 잊지 않기를 바랍니다.

⫼⫼⫼ 나 자신을 사랑하는 비결 2 : 내게는 다스리는 권세가 있다

하나님께서 사람을 만드시고 가장 먼저 하신 일은 복을 주신 것입니다. 피조물 중 하나님께서 복을 준 피조물은 사람이 유일합니다. 다른 어떤 피조물에도 그렇게 하신 적이 없습니다. 오직 사람만이 하나님께 복을 받았습니다. 그래서 우리에게는 무한한 가능성이 있습니다. 하나님이 복을 주셨기 때문에 복의 근원이신 하나님 안에 있을 때 우리는 무엇이든지 할 수 있다는 믿음을 가져야 합니다. 하나님은 우리가 스스로를 낮춰 보는 것을 좋아하지 않습니다.

모세는 가나안으로 들어가기 전에 12명의 정탐꾼을 가나안으로 보냈습니다. 40일간 정탐을 하고 돌아왔을 때 갈렙과 여호수아는 그 땅의 좋은 점을 보고 돌아왔습니다. 그러나 다른 10명의 정탐꾼은 그 땅에서 안 되는 것만 보았습니다. 그리고 악평하여 말하되 '그 땅은 거주민을 삼키는 땅이요, 거기서 본 백성은 거인들이니 우리가 스스로 보기에도 메뚜기 같으니 그들 보기에도 메뚜기 같을 것'이라고 스스로를 낮춰버렸습니다. 하나님의 형상대로 지음 받은 자신들을 메뚜기로 바꾸어버렸습니다. 그 결과가 무엇입니까? 갈렙과 여호수아를 뺀 나머지는 약속의 땅에 들어가지 못하는 실패자로 인생을 마감해야만 했습니다. 그들의 실수는 잘되게 하시는 하나님을 보지 못하고 안 될 것 같은 환경을 보고 스스로를 불신한 것이었습니다.

지금 당장의 형편대로 자신의 인생을 판단하지 마십시오. 스스로를 그렇게 판단한다면 우리에게 복을 주시며 땅을 정복하고 다스리라고 말씀하신 하나님의 결정을 폄하하는 것입니다. 여러분은 그렇게 보잘 것 없는 존재가 아닙니다. 하나님의 형상을 따라 지음 받은 존재이며 동시에 하나님이 만드신 이 세상을 다스리는 권세를 부여 받은 특별한 존재입니다. 당장은 실패한 것 같아도 여러분에게는 성공의 DNA, 승리의 유전자가 있음을 잊지 마십시오. 하나님이 내게 복을 주시고 모든 만물을 다스리게 하셨다는 사실만 잊지 않으면 여러분은 지금보다 훨씬 더 멋진 인생을 만들어가게 될 것입니다.

복싱을 좋아하는 분이라면 조지 포먼이라는 선수를 잘 알 것입니다. 그는 유명한 복싱 선수였으며 뛰어난 사업가였고 지금은 거리의 부랑아들에게 희망을 전하는 목사로 살고 있습니다. 조지 포먼이 사람들에게 오래 기억되는 이유는 지치지 않는 도전의 사람이었기 때문입니다. 그는 복서로는 할아버지급인 45세의 나이에 다시 링에 도전하여 세계 챔피언이 된 그야말로 인간 한계를 극복한 사람입니다.

1994년 11월 5일, 조지 포먼은 45세의 나이로 세계 헤비급 챔피언이었던 29세의 마이클 무어에게 도전장을 던졌습니다. 사람들은 어림없는 일이라고 비웃었지만, 그는 10회까지 버티고 버틴 끝에 회심의 오른 주먹 한 방으로 챔피언 마이클 무어를 쓰러뜨렸습니다. 역대 최고령 챔피언에 등극하는 순간이었습니다.

어떻게 이런 일이 가능했을까요? 조지 포먼이 다시 링으로 돌아온 데는 이유가 있습니다. 그가 돌보는 거리의 청소년들에게 무엇이든지 결심하면 할 수 있다는 사실을 직접 보여 주기 위함이었습니다. 그 자신이 젊은 시절 거리에서 방황하던 청소년이었고 자신의 부정적 한계를 뛰어넘어 인간승리의 드라마를 썼던 사람이었기 때문에 자신과 함께 하는 청소년들에게 무한한 가능성이 있음을 보여주고 싶었던 것입니다.

그는 지금도 자신에게 배우는 불우한 아이들에게 "내게 능력 주시는 자 안에서 내가 모든 것을 할 수 있다"고 말합니다. 하나님이 복주시고 다스리는 권세를 주셨기 때문에 자신의 모든 한계를 뛰어넘을 수 있다고 믿는 것입니다. 여러분들도 그렇게 믿어 보십시오. 거울을 볼 때마다 스스로를 향해 외치십시오.

"나는 하나님이 복 주신 사람이야."

"나는 나에게 주어진 모든 시간, 재물, 기회를 다스릴 수 있는 능력이 있어."

"하나님이 내게 그런 권세를 주셨어."

스스로에게 외치십시오. 물론 현실을 보면 미래의 가능성 보다 당장의 약점이 더 많이 보입니다. 그러나 하나님은 그 약점까지도 강점이 되게 하실 것입니다. 우리의 할 일은 나에게 복 주신 하나님, 내게 주어진 모든 것들을 다스리는 권세를 주신 하나님을 인정하고 그 하나님을 믿는 것입니다. 그러면 우리에게 놀라운 일들이 일어나게 될 것입니다. 약점이 있더라도 실망할 필요 없습니다. 약점은 하나님이 일하시기에 더 좋은 환경을 만들어 냅니다. 우리의 약함은 그리스도의 능력을 발산시키는 통로일 뿐입니다. 여러분에게 있는 약점을 짜증과 불평으로 대응하지 마시고 그 약점을 귀히 여기고 도리어 그 약점을 통해 하나님이 일하시기를 기도하십시오.

"나에게 이르시기를 내 은혜가 네게 족하도다 이는 내 능력이 약한 데서 온전하여짐이라 하신지라 그러므로 도리어 크게 기뻐함으로 나의 여러 약한 것들에 대하여 자랑하리니 이는 그리스도의 능력이 내게 머물게 하려 함이라" 고린도전서 12:9

이랜드 대표이사를 마치고 비즈니스 선교사로 남은 인생을 헌신했던 신갈렙 선교사는 7년 전에 지방육종암 판정을 받았습니다. 암 수술을 받고 24번의 방사선 치료도 받았습니다. 그런데 치료된 줄 알았던 암이 그만 폐로 전이되었습니다. 그를 진료했던 의사는 이제 병원에서 할 수 있는 일은 없다며 사형 선고를 내렸습니다. 이쯤 되면 포기할 법도 했습니다. 그러나 신갈렙 선교사는 암 세포도 하나님이 만드신 피조물이고 그렇다면 내게 다스리는 권세가 있다고 믿고 그 다음부터 암과 행복한 동행을 시작했습니다. 그렇게 사형선고를 받은 지 7년이 지났지만 아무 일 없이 열심히 사역하고 있습니다.

우리를 불편하게 만드는 것이 무엇입니까? 암, 당뇨, 고혈압 등등의 질병입니까? 돈이 없어 고달프십니까? 여러분을 알아봐 주는 사람이 없습니까? 속 썩이는 자녀 때문에 죽고 싶으세요? 무엇이든지 불평하고 원망하면 지는 것입니다. 여러분을 고달프게 하는 것이 무엇이든 불평과 원망으로 피하지 마시고 말씀에 의지하여 자신감을 가지고 다스리십시오. 우리를 단련하신 후에는 순금같이 쓰실 하나님을 믿으십시오. 고난을 하나님이 일하실 기회로 바꾸었던 욥처럼 그 어떤 어려움 앞에서도 뒤로 물러가지 말고 잘 다스려 승리하시기를 바랍니다.

||||| 깃발은 흔들릴 때 더 아름답다

하나님은 사람을 지으심으로 창조를 마치셨습니다. 그리고 만드신 세상을 둘러보시고 '보시기에 심히 좋았다'고 말씀합니다. 저는 이 말씀을 읽을 때마다 기분이 좋습니다. 하나님이 사람을 지으시고 보시기에 심히 좋다고 하셨으니 저를 보고도 심히 좋아하실 것 아닙니까? 저만 보고 좋아하시겠습니까? 여러분도 보시고 좋아하십니다. 나를 좋아하실 하나님을 믿는다면 매일 아침 일어나자마자 거울을 보고 자신을 향해 외치십시오.

"너는 소중한 사람이야."

"하나님의 형상을 닮았어."

"만물을 주관하는 권세를 받은 사람, ○○○야. 너는 소중한 사람이야."

이렇게 스스로에게 고백하고 누구를 만나더라도 그렇게 말해주고 격려하십시오. 그러면 여러분의 인생은 이전보다 더 좋아질 것입니다. 행복하게 될 것입니다. 여러분의 격려를 받은 사람들이 자신의 가능성을 발견하고 더 아름다운 인생을 살게 될 것입니다.

전화만 하면 30분 이내에 배달해 주는 도미노피자는 49개 나라에 5천 개가 넘는 체인점을 거느린 세계에서 두 번째로 큰 피자 회사입니다. 도미노피자의 특징은 11초 만에 피자 한 판을 반죽하는 빠른 기술에 있습니다. 도미노피자는 그 기술을 바탕으로 피자를 제공하는 시간이 늦어지면 아예 피자를 공짜로 주는 판매 전략을 구사했고 그 결과 회사는 급속도로 성장할 수 있었습니다.

빠르게 피자를 반죽하는 기술을 개발해 지금의 도미노피자를 만든 사람은 토마스 모나한입니다. 그는 어린 시절을 미시간 주에 있는 성 요셉 고아원에서 보냈습니다. 아무도 주목해 주지 않는 버림받은 소년이었습니다. 그런데 이 소년에게 관심을 갖는 사람이 있었습니다. 고아원 교사였던 베라다 선생님이었습니다. 베라다 선생님은 풀이 죽어 있는 토마스 모나한에게 늘 이렇게 말해주었습니다.

"토미야. 너는 하나님이 사랑하시는 소중한 아들이란다."

청년이 된 토마스 모나한은 역경을 만날 때마다 하나님이 함께 하시니 낙심하지 말고 큰 꿈을 가지라는 베라다 선생님의 말을 떠올렸습니다. 그리고 무엇을 하든 열심히 노력하였습니다. 결국 피자 빨리 반죽하기 선수가 되어 자신의 피자회사를 세우게 되었고, 그 회사는 큰 성장을 이루어 지금의 도미노피자가 되었습니다.

주어진 삶이 나를 흔든다고 실망하실 필요는 없습니다. 깃발은 흔들릴 때 더 아름다운 법입니다. 지금 당장은 고되지만 멋 훗날 웃으며 지난 기억을 회상하게 될 것입니다. 그때 드라마틱한 내 인생에 박수를 보내게 될 것입니다. 그 날을 소망하며 부정적 상황을 이기고 스스로를 사랑하십시오. 만나는 모든 사람을 격려하세요. 하나님이 기뻐하시는 소중한 사람이라는 사실을 알려 주십시오. 여러분이 하나님이 만드시는 기적의 주인공이 되는 날까지 응원합니다.

PART 09

올바른
사랑을
표현하라

올바른 사랑을
표현하라

|||||| 올바른 사랑을 표현하고 있는가

당나라 시인 백낙천이 지은 장한가에는 전설 속에 존재한다는 비익조(比翼鳥)가 등장합니다. 이 새는 눈 하나에 날개도 하나뿐인 새입니다. 그래서 두 마리가 서로 하나가 되어야만 양 옆을 제대로 볼 수 있고 하늘을 날 수도 있습니다. 만약 두 마리 중 하나가 상대에게 관심이 없으면 날기는커녕 살아가는 것 자체가 불가능합니다. 서로 마음을 합하고 한 방향을 보기 위해 노력하고 호흡을 맞춰 날갯짓을 해야 살 수 있는 것입니다. 그래서 비익조는 항상 상대방이 원하는 것이 무엇인지 서로에게 관심을 가지고 사랑을 표현하는 새라 할 수 있습니다.

공동체란 마치 비익조와 같습니다. 각자 자기 좋을 대로 행동하면 공동체는 절대 유지될 수 없습니다. 아무리 좋은 자원들이 모였다 할지라도 각자 따로 놀면 공동체는 깨지고 맙니다. 그래서 공동체에 필요한 사람은 재주가 많은 사람이 아니라 공동체를 이루는 구성원들을 돌아보고 사랑을 표현할 줄 아는 사람입니다. 특히 가정, 교회, 셀과 같은 영적 공동체는 함께하는 구성원들에게 사랑의 표현을 더 많이 해야 합니다. 현대사회는 경쟁사회입니다. 현대인들은 승자독식의 원리가 지배하는 냉혹한 현실을 살아가고 있습니다. 눈만 뜨면 경쟁 상황에 내몰립니다. 그래서 현대인들은 많이 외롭습니다. 늘 사랑에 갈급합니다. 이런 이들에게 우리가 위로가 되고, 격려가 되고, 사랑의 통로가 되어야 하는 것입니다. 그것이 우리를 향한 예수님의 요구입니다.

예수님은 도저히 받아들일 수 없는 사람까지도 받아들이고 사랑하셨습니다. 예수님께 가장 불편했던 사람은 누구였을까요? 바리새인요? 서기관들이요? 예수님께 가장 불편했던 사람은 제자 중 하나인 가룟 유다였을 것입니다. 예수님을 대적했던 바리새인, 서기관 등은 늘 예수님과 얼굴을 맞대고 있지 않았습니다. 그러나 가룟 유다는 달랐습니다. 늘 예수님 주변에 머물러 있었습니다. 그와 이런 저런 말도 섞어야 했습니다. 예수님은 가룟 유다가 자신을 팔 것이라는 사실을 알고 계셨기 때문에 그를 대하실 때마다 서운한 마음도 들었을 것입니다.

그럼에도 불구하고 예수님은 가룟 유다를 피하지 않으셨습니다. 인간적으로는 서운 하셨겠지만 도리어 그의 발을 씻어 주시고 그와 함께 식사를 하시고 회개하고 돌아오기를 기다려 주셨습니다. 예수님도 인간의 몸을 입으신 분이니 가룟 유다가 눈앞에서 얼쩡거릴 때 얼마나 배은망덕했겠습니까? 그러나 예수님은 그 배은망덕한 가룟 유다에게 사랑을 표현하시고 용납해 주셨습니다. 그리고 남은 제자들에게 "내가 너희를 사랑한 것 같이 너희도 서로 사랑하라"고 말씀하셨습니다.

올바른 사랑이란 무엇입니까? 저는 예수님이 기준이라고 믿습니다. 예수님처럼 사랑하면 올바른 사랑을 표현하는 것입니다. 상대하기 껄끄러운 사람을 피하지 않는 것, 내 기준에 따라오지 못할지라도 기다려 주는 것, 내게 막 대하는 사람에게 같은 방식으로 대응하지 않는 것이 올바른 사랑을 표현하신 예수님의 사랑법입니다. 그래서 예수님의 사랑을 한마디로 정의하면 희생입니다. 예수님께서 '내가 너희를 사랑한 것 같이 너희도 사랑하라'고 말씀하신 것은 우리에게 희생을 요구 하신 것입니다.

껄끄러워도, 피하고 싶어도, 서운해도 예수님처럼 사랑하시기를 부탁합니다. 힘드실 것입니다. 그래도 조금씩, 조금씩 사랑의 폭을 넓혀가면 예수님을 닮아갈 수 있습니다. 예수님이 보여주신 대로 사랑을 표현하는 공동체를 이루어가시기 바랍니다. 그렇게 올바른 사랑을 표현해야 이 세상이 바뀝니다. 그렇게 할 때 우리가 사는 이 도시가 희망의 도시로 변모합니다.

ⅢⅢ 올바른 사랑법 1 : 형제를 미워하지 말라

사도 요한은 형제를 미워하는 자마다 살인하는 자며 그런 자에게는 영생이 없다고 말합니다. 참 무서운 말씀입니다. 형제를 미워하면 영생이 없다니? 이 말씀이 의미하는 것이 무엇일까요? 교회만 다닌다고 저절로 구원받는 것은 아니라는 말씀입니다. 신자는 거듭나야 합니다. 정말 하나님을 믿고 사랑하는 사람이 되어야 그를 신자라고 합니다. 그런데 하나님을 믿고 사랑하는지 아닌지를 어떻게 알 수 있습니까? 열심히 교회 출석하는 것으로 압니까? 헌금하고 봉사하는 것으로 증명됩니까?

하나님 사랑은 우리가 형제를 얼마나 사랑하는지에 비례합니다. 하나님을 사랑한다고 하고서 함께 공동체를 세워 나가는 형제를 미워하면 하나님을 사랑한다는 그 말은 거짓말입니다. 그러니 하나님을 사랑하지 않는 사람에게 어찌 구원이 있을 수 있습니까?

"누구든지 하나님을 사랑하노라 하고 그 형제를 미워하면 이는 거짓말하는 자니 보는바 그 형제를 사랑하지 아니하는 자는 보지 못하는바 하나님을 사랑할 수 없느니라" 요한 1서 4:20

예수 그리스도께서 피 값 주고 사신 형제를 미워하지 마십시오. 하나님의 형상이 담긴 형제를 미워하지 마십시오. 형제를 미워하는 것은 그리스도의 피를 무시하는 것이며 하나님의 형상을 모욕하는 것입니다. 물론 그 형제가 마음에 들지 않을 수도 있습니다. 여러분을 무시할 때도 있습니다. 그럴 때는 어떻게 해야 합니까? 눈에는 눈, 이에는 이로 대응할까요? 예수님처럼! 예수님처럼 하세요. 자신을 속이고 죽이려는 음모를 꾸미는 제자까지도 미워하지 않으시고 용납하신 예수님처럼 하십시오.

우리가 형제를 미워하지 않기 위해 어떤 노력을 해야 할까요? 두 가지에 집중하시면 좋겠습니다. 첫째는 좋은 관계를 이루고자 노력하시기 바랍니다. 둘째는 용납하려는 마음을 가지기를 노력하셔야 합니다.

모든 심리학자들의 한 결 같은 주장은 '사람은 자신이 마음먹은 대로 행동한다'는 것입니다. 즉 내가 좋은 관계를 이루고자 노력하면 그쪽 방향으로 행동하게 됩니다. 반대로 내가 관계를 회복하는 것을 미루면 절대 좋은 관계를 맺고자 하는 행동이 나오지 않습니다. 그런데 사람들은 우리의 행동에 따라 반응합니다. 우리가 좋은 관계를 맺고자 노력하면 그들도 그렇게 행동하고 피하면 그들도 피해 버립니다. 그러므로 성향에 안 맞는다고 피하면 절대로 좋은 관계는 형성될 수 없습니다.

좋은 관계에 왕도는 없습니다. 좋은 관계는 관심을 보이고 그의 입장에서 이해하고자 노력해야 합니다. 무관심으로는 절대 좋은 관계를 맺을 수 없습니다. 롤로 메이는 자신이 쓴 '사랑과 의지'라는 책에서 사랑의 반대 개념을 '무관심'이라고 정의합니다. 사랑하는 사람은 상대방에게 무관심 할 수 없습니다. 항상 관심을 가지고 대합니다. 그리고 관심을 보이면 그것이 사랑이기 때문에 좋은 관계는 자연스럽게 맺어지는 것입니다. 사랑은 관심입니다. 주님이 나에게 관심을 보이신 것과 같이 우리도 우리의 형제에게 관심을 보이는 것입니다. 그러면 좋은 관계가 맺어지고 형제를 미워할 일도 사라질 것입니다.

현대인은 관계를 맺고 싶어 합니다. 그래서 교회로 옵니다. 단절된 세상에서 교회가 소망인 줄 알고 온 것입니다. 그런데 우리가 준비 되어 있지 않으면 실망하고 교회를 떠나게 될 것입니다. 그렇게 실망하고 교회를 떠나면 다시 교회로 불러들이는데 많은 시간과 노력이 듭니다. 새 신자가 교회에 와서 얻는 첫인상이 짧게는 1개월, 길게는 2년까지 지속된다고 합니다. 그러니까 좋은 관계를 맺을 수 있을 것이라고 기대하고 온 교회에서 실망하고 떠나면 최대 2년까지 전도할 기회를 잃어버리는 것입니다.

형제를 미워하지 않기 위해 우리가 해야 할 두 번째 노력은 용납하는 마음을 가지는 것입니다. 용납하면 이해하게 되고 이해하면 사랑하게 됩니다. 저 역시 미운 마음이 드는 사람이 간혹 생깁니다. 그때 제가 하는 방법은 그 사람의 이름을 내 한 바퀴 기도 안에 두는 것입니다. 매일 새벽마다 그의 이름을 부릅니다. 그런데 신기하게도 그렇게 기도하다 보면 그에 대한 마음이 누그러집니다. 더 신기한 것은 그 미웠던 사람이 나를 찾아와 용서를 구합니다. 성경이 두껍다고 하지만 딱 한 문장으로 줄일 수 있습니다. "하나님 사랑, 이웃 사랑"입니다.

"예수께서 이르시되 네 마음을 다하고 목숨을 다하고 뜻을 다하여 주 너의 하나님을 사랑하라 하셨으니 이것이 크고 첫째 되는 계명이요 이것이 크고 첫째 되는 계명이요 둘째도 그와 같으니 네 이웃을 네 자신 같이 사랑하라 하셨으니 이 두 계명이 온 율법과 선지자의 강령이니라" 마태복음 22:37~40

하나님은 우리가 이웃을 용납하기 원하십니다. 그리고 우리가 이웃을 용납하면 우리 자신이 잘된다고 말씀합니다. 예수님은 "무엇이든지 너희가 땅에서 매면 하늘에서도 매일 것이요 무엇이든지 땅에서 풀면 하늘에서도 풀리리라"고 하셨습니다. 축복의 원리가 보이십니까? 우리가 땅에서 매고 푸는 대로 하늘에서도 매고 풀린다는 것입니다. 우리가 용서하면 하늘에서도 용서합니다. 우리가 땅에서 용서하지 않으면 하늘에서도 꽁꽁 매여 풀리지 않습니다.

예수님은 어떤 죄인을 만나도 우선 용서하시려는 마음을 품으셨습니다. 세리도, 창녀도, 심지어는 자신을 죽이려는 음모를 꾸미는 제자까지도 용서하고자 했습니다. 전통주의자들은 옳고 그름을 분별하려고만 했지 용서하려는 마음이 부족했습니다. 그래서 변화를 시키지 못하는 것입니다. 사람의 변화는 잣대로 재고, 옳고 그름을 판가름하여 가르친다고 변하지 않습니다. 쓸데없이 지식만 쌓일 뿐입니다. 변화는 지식에서 나오는 것이 아니라 용서에서 나옵니다. 그리고 용서한 사람이 가장 큰 축복을 받습니다.

좋은 예가 요셉입니다. 요셉은 형들의 시기를 받고 애굽에 종으로 팔려갔습니다. 가서 13년 동안 온갖 고생을 다 했습니다. 그 형들만 없었으면 아버지 집에서 채색 옷 입고 편안하게 살 수 있었는데 얼마나 원통했겠습니까? 그러나 요셉은 13년 만에 다시 만난 형들에게 자신의 원한을 갚지 않았습니다. 충분히 원수 갚을 능력이 있었지만, 요셉은 두려워 떠는 형들에게 이렇게 말합니다.

"당신들이 나를 이곳에 팔았다고 해서 근심하지 마소서 한탄하지 마소서 하나님이 생명을 구원하시려고 나를 당신들보다 먼저 보내셨나이다" 창세기 45:5

원수 갚지 않고 용납한 요셉은 민족을 구원했을 뿐 아니라 나중에 야곱에게 축복을 받을 때 두 몫의 축복을 받습니다. 그래서 이스라엘의 12지파 중에 요셉이 없고 그의 아들 에브라임과 므낫세가 있는 것입니다. 다른 아들들 보다 두 몫의 축복을 받은 것입니다. 여러분의 용납은 올바른 사랑의 표현일 뿐만 아니라 하나님의 축복을 가져올 것입니다.

제가 존경하는 분 중에 희망연구소를 운영한 서진규 박사라는 분이 있습니다. 제가 이 분을 좋아하는 이유는 삶의 궤적이 저와 비슷하기 때문입니다. 정말 비참한 밑바닥 인생이었지만 현실을 뛰어넘어선 용기와 담력이 참 저와 닮았습니다. 아니 저보다 더 낫습니다. 주어진 환경에 굴복해도 누구하나 뭐라 할 수 없는 인생이었지만 그는 자신을 찾아온 처절한 환경에 복종하지 않았습니다. 도리어 환경을 자신의 발아래에 굴복시켰습니다. 생면부지의 땅에서 만난 남편의 폭력과 이혼, 14년 만에 간신히 졸업한 대학, 42세의 늦은 나이에 하버드 대학에 입학하여 16년이나 기다린 끝에 취득한 박사 학위는 그녀가 얼마나 자신의 인생과 치열하게 싸웠는지를 말해 줍니다.

서진규 박사님은 가난한 어촌마을에서 태어나 술집을 운영하는 엄마에게 매질을 당하는 불우한 어린 시절을 보냈습니다. 그리고 19살 된 던 해부터 가발공장 공원을 시작으로 가장 낮은 자리를 맴돌았습니다. 그렇게 밥을 굶어 가며 힘겹게 살기를 4년. 정말 이렇게 살다가는 아무런 희망이 없다고 생각한 서진규 박사는 23살의 나이에 미국으로 식모살이를 갑니다. 그리고 거기서 합기도 사범을 하는 한 남자를 만나 결혼을 하고 아이도 낳게 되었습니다. 결혼도 하고 아이도 낳은 서 박사님은 꿈에도 그리던 신혼의 단꿈을 꾸는 줄 알았습니다. 그런데 서 박사님에게는 한국에서 당한 것과는 비교도 되지 않을 만큼 혹독한 시련이 기다리고 있었습니다. 자신을 사랑해주던 남편이 변하기 시작한 것입니다. 자신을 무시하는 것은 예사고 때때로 폭력을 행사하기도 했습니다. 알고 보니 남편은 이미 결혼하여 자식까지 낳은 유부남이었습니다.

모든 사실을 알게 된 서 박사님은 끓어오르는 분노를 참을 수 없었습니다. 밤마다 잠들어 있는 남편을 죽이고 싶었습니다. 이대로는 안 되겠다고 생각한 서 박사님은 28살의 늦은 나이에 미군에 입대를 결정하게 되었습니다. 남편을 보지 않는 유일한 방법은 군대에 가는 것이라고 생각했습니다. 군대에 있으면 남편이 찾아올 수도 없고, 자신도 남편을 잊을 수 있을 것 같았습니다. 그러나 입대를 한 후에도 서진규 박사님의 뇌리에서 남편을 향한 미움은 가시지 않았습니다. 자신의 총으로 남편을 쏴 죽이는 꿈을 꾼 적이 한 두 번이 아니었습니다.

그렇게 과거에서 헤어 나오지 못하던 어느 날, 서진규 박사님은 남편을 미워하며 젊은 날을 망가뜨리는 것은 결국 자신의 인생을 갉아 먹는 것이라는 생각을 했습니다. 그리고 남편의 모든 것을 용서하기로 결정을 내립니다. 용서란 남편을 위한 것이 아니라 나 자신을 위한 것이라고 생각하고 남편의 악한 행동이 생각나 치가 떨릴 때마다 '무조건 용서'를 외쳤습니다.

그러자 그녀의 인생이 달라지기 시작했습니다. 영어도 제대로 구사하지 못하는 동양인 여성이 간부후보생이 되었고 거기서 최고령 리더로 뽑히는 영예도 얻게 되었습니다. 예전에는 모든 것이 원망스러웠는데 이 모든 것이 자신을 강하게 만드는 도구일 뿐이라고 마음을 바꾸어 먹자 그렇게 사랑스럽게 여겨질 수 없었습니다. 강한 미움이 강한 용서로 바뀌자 모든 환경을 뒤바꿔 버린 것입니다.

수십 년간 중국의 억압을 받는 티벳의 지도자 달라이 라마는 "용서는 단지 우리에게 상처를 준 사람들을 받아들이는 것만을 의미하지 않는다. 그것은 그들을 향한 미움과 원망의 마음에서 스스로를 놓아주는 일이다. 그러므로 용서는 자기 자신에게 베푸는 가장 큰 자비이자 사랑"이라고 역설합니다. 중국 정부의 폭정에 수십 년간 시달린 그였지만 용서를 통해 자기 자신의 영혼에 자유를 얻었을 뿐 아니라 더 밝은 미래를 바라보는 희망을 품을 수 있었습니다.

우리도 그래야 합니다. 용서, 그것은 자기 자신과 타인에게 베푸는 가장 큰 자비이며 사랑입니다.

||||| 올바른 사랑법 2 : 형제의 궁핍함을 도우라

　이 세상의 재물을 가지고 형제를 외면하는 것은 하나님의 사랑이 없다는 증거입니다. 여러분이 가진 재물은 여러분의 것이 아닙니다. 그것의 주인은 따로 있습니다. 하나님이 이 만물의 주인이며 여러분의 가진 소유의 주인이십니다. 단지 여러분에게 맡기셨을 뿐입니다. 우리는 청지기에 불과합니다. 그래서 많은 재물을 가졌다면 그건 하나님께서 여러분을 그만큼 더 믿는다는 증거인 것입니다.

　하나님은 맡기신 재물을 잘 사용하기 원하십니다. 그리고 그것을 잘 사용하는 사람에게 더 많은 것을 맡기십니다. 마태복음 25장에 그 유명한 달란트 비유가 나옵니다. 그때 주님은 맡겨주신 달란트를 남긴 종에게 칭찬을 하십니다. 얼마를 남겼는지는 중요하지 않았습니다. 달란트를 맡은 청지기답게 열심히 일하여 남기기만 하면 '착하고 충성된 종'이라고 칭찬하셨습니다. 그런데 맡겨준 달란트로 시간 낭비나 하고 자기 안위나 생각했던 종에게는 어떻게 대하셨습니까? 주님은 그런 종에게 '악하고 게으른 종'이라는 평가를 하셨을 뿐 아니라 그의 손에 있던 달란트까지도 빼앗아 착하고 충성된 종에게 주셨습니다.

　이 안에는 청지기의 원리가 담겨 있습니다.

　첫째, 많이 받았는지 적게 받았는지는 중요하지 않다.

　둘째, 주님은 열심히 수고하여 남기는 청지기를 기뻐하신다.

셋째, 자격이 있는 청지기는 더 많은 것을 맡게 되고, 자격을 잃은 청지기는 자신의 것을 박탈당한다.

우리는 누구나 청지기입니다. 재물, 외모, 말솜씨, 일의 효율성 어떤 것이든 능력이라 할 만한 것은 하나님께서 주신 것입니다. 그것을 은사라고 합니다. 그런데 그 은사는 누구를 위한 것입니까? 주님을 위한 것입니다. 그러니까 주님이 기뻐하시는 일에 써야 은사를 은사답게 쓴 것입니다. 그런데 하나님이 기뻐하시는 일이 뭡니까? 우리가 우리에게 있는 재물, 재능, 재주로 약한 형제를 돕는 것입니다. 그래서 하나님의 사랑이 세상 가운데 드러나는 것입니다. 만약 우리가 청지기로서 받은 은사를 통해 하나님의 사랑이 드러나는 일에 열심을 내지 않는다면 우리는 악하고 게으른 종이 되는 것입니다.

"누가 이 세상의 재물을 가지고 형제의 궁핍함을 보고도 도와줄 마음을 닫으면 하나님의 사랑이 어찌 그 속에 거하겠느냐" 요한1서 3:17

재물로, 시간으로, 능력으로 형제를 돕는 것이 두렵습니까? 형제를 도우면 사라져 버릴 것 같습니까? 걱정하지 마십시오. 절대 그럴 일은 없습니다. 다시 한 번 말씀 드리지만 재물의 주인은 하나님이십니다. 선한 청지기에게는 재물의 주인이신 하나님께서 그의 손에서 재물을 떠나지 않게 하십니다. 우리가 재물의 주인으로 하나님을 인정하면 하나님께서 우리를 선한 청지기로 여기시고 더 귀한 것으로, 더 많이 맡겨 주십니다.

우리가 하나님께서 맡겨주신 재물로 궁핍한 형제를 도울 때 하나님은 기뻐하십니다. 그리고 우리의 도움을 받은 형제는 다시 희망과 용기를 가지게 되고 그도 언젠가는 다른 형제를 돕는 사람으로 성장하게 됩니다. 하나님이 기뻐하실 일을 하시기 바랍니다. 형제를 돕는데 우리가 가진 은사를 사용하십시오. 그래서 하나님의 기쁨인 동시에 사람의 기쁨이 되시기를 축원합니다.

세계보건기구(WHO)는 2012년을 기준으로 인도, 아프가니스탄, 파키스탄, 나이지리아 4개 나라를 제외하고 전 세계 모든 국가를 소아마비 청정지역으로 선언했습니다. 이처럼 거의 대부분의 나라가 국가의 능력과 상관없이 소아마비로부터 아이들을 지킬 수 있게 된 이유는 에드워드 솔크라는 한 의학자가 예수님의 사랑을 실천했기 때문입니다.

에드워드 솔크는 세계 최초로 소아마비 백신을 개발한 사람입니다. 그가 소아마비 백신을 개발하자 세계 유수의 제약사들은 그로부터 백신 특허를 사려고 줄을 섰습니다. 그러나 솔크 박사는 엄청난 특허료를 제시하는 제약사들에게 이렇게 말했습니다.

"인류에게서 태양을 빼앗을 수 없듯 내 백신을 가난한 아이들에게서 빼앗을 수 없다."

그리고 곧바로 백신 특허를 무료로 공개해 버렸습니다. 만약 그 특허를 제약사에게 팔았다면 그는 엄청난 부를 누릴 수 있었겠지만, 그로 인해 전 세계의 수많은 가난한 아이들이 소아마비로 목숨을 잃거나 평생 불구로 살아가야 했을 것입니다. 궁핍한 이웃을 돌보는 일에 자신의 재능을 사용한 그의 향기로운 행동으로 세계보건기구는 지금 단돈 100원에 백신을 공급할 수 있게 되었고 세계 모든 어린이는 소아마비로부터 자유를 얻게 되었습니다.

하나님이 여러분에게 주신 은사는 무엇입니까? 여러분 중에는 돈이 많은 분도 있을 것이고 위로에 능한 분도 있을 것이며, 남들보다 두 세배 일을 잘하시는 분들도 있을 것입니다. 하나님이 왜 그것을 여러분에게 은사로 주셨을까요? 잘 먹고 잘살라고 준 것만은 아닐 것입니다. 하나님께서 그것을 관리하는 청지기로 여러분을 쓰신 것은 그럴 능력이 없는 이들을 도우라고 주신 것입니다. 그 사실을 잊어서는 안 됩니다. 형제의 궁핍함을 보고 가만히 있으면 하나님의 사랑이 그 안에 없는 것입니다.

형제의 안타까운 일에 눈감지 마십시오. 도울 수 있는 대로 최선을 다해 도우십시오. 은사를 은사되게 하십시오. 다만 한 가지 당부하기는 형제를 돕되 균형감을 잃지 말아야 합니다. 하나님은 질서의 하나님이라는 사실을 기억하십시오. 하나님은 우리가 균형감을 잃고 무질서하게 행하는 것을 좋게 보지 않습니다. 형제의 궁핍함을 도와주시되 감당치 못할 행동은 자제하십시오. 없으면 말아야지 빌려서 돕거나 보증서지 마십시오. 성경은 형제의 궁핍함을 도우라고 말씀하면서 동시에 보증서지 말라고 말씀합니다. 할 수 있는 최선을 다 하면 됩니다. 받는 분들은 사랑의 빚 외에는 지지 말라고 하신 말씀에 순종하여 사랑의 빚지는 일만 기쁘게 여기고 그 외의 빚은 지지 않으려는 노력을 해야합니다.

⫼⫼ 사랑은 표현하는 거야

언젠가 설교 시간에 헌금에 대한 이야기를 한 적이 있었습니다. 헌금에 대한 설교는 하는 사람이나 듣는 사람이나 부담스러운 지라 제가 먼저 본을 보인다는 뜻에서 제 지갑에 있는 전부를 드리고 상황을 설명하기 위해 빈 지갑을 보였습니다. 그런데 설교를 마치고 내려왔을 때 교역자 중 한 사람이 저를 찾아왔습니다.

"목사님! 잠깐 지갑 좀......."

"지갑은 왜요?"

"목사님이 늘 저희에게 아버지의 마음에 대해 말씀하시는데 우리는 자녀의 할 노릇에는 인색한 것 같아서요. 목사님의 빈 지갑에 용돈 넣어드려도 될까요?"

잠시 망설이고 있자 이렇게 말했습니다.

"물론 목사님이 저보다 훨씬 부자는 맞지만 자녀가 드리는 용돈이라고 생각하시고 받고 기뻐해 주세요."

"제 마음이 참 따뜻해지네요. 고맙게 받겠습니다."

그리 큰 금액은 아니었습니다. 오만 원짜리 한 장, 오천 원짜리 한 장, 천 원짜리 다섯 장. 도합 6만 원이었습니다. 그러나 내 마음에 다가온 사랑의 무게는 6만 근도 넘었습니다. 얼마나 내 마음이 기뻤는지 모릅니다. 누구나 사랑하는 마음은 있습니다. 그러나 표현되지 않으면 사랑은 그 값어치를 못합니다. 만약 예수님이 죽을 수밖에 없는 우리 인간을 보며 마음만 짠해하셨으면 어떻게 되었을까요? 직접 인간의 몸을 입으시고 십자가 형벌을 당해 주시는 사랑의 표현이 있었기에 우리가 영생을 누리는 것 아닙니까?

사랑은 표현하는 것입니다. 그래서 사랑이 뭔지 모르는 사람이 "이게 사랑이구나"하고 깨닫게 만드는 것입니다. 그리고 그렇게 경험된 사랑은 또 다른 누군가에게로 옮겨집니다. 이렇게 주고받는 사랑이 커지면 공동체는 사랑의 공동체가 되고 도시는 희망으로 가득하게 될 것입니다. 서로 사랑하라는 말씀이 실천하기 어려운 줄 압니다. 어쩌면 듣고 싶지 않은 말씀일지도 모릅니다. 그러나 단단하고 씹기 힘들어도 우리가 받들어야 할 하나님의 말씀입니다. 하나님의 말씀을 실천하려는 의지를 발동시키고 순종의 자세로 말씀을 마음에 담으시기 바랍니다. 그러면 하나님의 말씀은 우리에게 은혜가 될 것입니다.

어느 주일 아침 스코틀랜드의 유명한 설교가 어스킨목사가 설교를 하고 있었습니다. 그 날 교회를 찾은 스칼렛이라는 여자 성도가 설교를 듣고 큰 은혜를 받았습니다. 스칼렛은 그 다음 주일도 어스킨 목사의 설교를 듣기 위해 그 교회를 찾았습니다. 그런데 지난주와 달리 그 날은 아무런 감동을 받지 못했습니다. 예배가 끝난 후 어스킨 목사를 만난 스칼렛이 물었습니다.

"목사님! 지난 주일에는 제가 큰 은혜를 받았는데 오늘은 왜 은혜를 받지 못했을까요?"

그러자 어스킨 목사는 다정한 목소리로 대답해 주었습니다.

"아, 그렇군요. 지난 주일엔 당신이 예수님을 만나러 왔기 때문에 은혜를 받았습니다. 하지만 오늘은 저를 만나 제 설교를 들으러 왔기 때문에 은혜를 못 받은 것 아닐까요?"

힘들어도 말씀에 순종하면 은혜가 따라옵니다. 희망의 가정, 희망의 직장, 희망의 도시는 우리의 순종이라는 토대위에 세워진다는 사실을 기억하시고 하나님께서 우리를 위하여 자기 아들을 아끼지 아니하시고 내주시어 사랑을 증명하신 것처럼 우리도 형제를 미워하지 말고 그의 부족함을 채우는 사랑의 사람이 되시기 바랍니다. 공동체 내에서 하나님이 허락하신 형제들을 향한 올바른 사랑의 표현들이 넘쳐나기를 바랍니다. 그럴 때 우리 공동체는 희망의 공동체가 되며 우리가 살아가는 이 도시에 희망의 바람이 불어 올 것입니다.

끝까지
인내하라

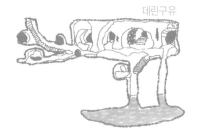
데린구유

끝까지
인내하라

IIIII 끝까지 인내하고 있는가

우리나라 사람들은 태생적으로 급한 성격을 가지고 있습니다. 그래서 뭘 하든지 빨리하는 데는 도가 텄습니다. 큰 고층빌딩도 이제 땅 파나 했는데 어느새 뚝딱 하고 세워버립니다. 음식도 얼마나 빨리 먹는지 모릅니다. 서양 사람들은 식사 시간이 거의 두 시간이 넘습니다. 음식이 나오건 안 나오건 세월아 네월아 하며 식사의 여유를 즐기는데 우리나라 사람들은 도통 기다리는 것이 익숙하지 않은 것 같습니다. 그래서 한국 관광객들이 많이 찾아오는 관광지 음식점 주인들은 한국 사람이 들어오면 알아서 종업원들에게 한마디씩 합니다. 뭐라고 할까요? "빨리! 빨리!"

빨리하는 것이 다 나쁜 것은 아닙니다. 빨리하는 문화가 있었기 때문에 오늘의 대한민국의 위대한 발전이 있었던 것이 사실입니다. 그러나 뭐든지 빠른 것은 그만큼 실수할 확률을 높입니다. 그리고 빠른 결정은 더 좋은 기회를 잃게 만듭니다. 때로는 기다림이 답답한 것 같지만, 더 좋은 결과를 가져오기도 합니다. 당장은 손해 보는 것 같고 성과도 없는 것 같지만, 끝에 이르러 보면 인내하며 기다렸을 때 훨씬 더 좋은 결과를 얻습니다.

나폴레온 힐은 그의 책 "생각하라 그리고 부자가 되라"에서 세계에서 가장 부유한 500명을 조사한 결과, 그들 모두에게 공통적으로 있었던 것이 인내심이었다고 말합니다. 주변에 성공한 사람들을 살펴보십시오. 그들은 각각 성공의 다양한 요인들을 가지고 있습니다. 어떤 사람은 머리가 좋고, 어떤 사람은 체력이 강하고, 어떤 사람은 단지 운이 좋아서 잘 된 것 같습니다. 그러나 그 안을 들여다보면 기질이나 능력이나 형편이 어떠하든지 간에 공통점이 있는데 참 잘 견딘다는 것입니다. 기다릴 줄 아는 자세가 있었기 때문에 성공할 수 있었던 것입니다. 그래서 시대를 초월해서 불변하는 진리는 '기다림에 실패한 사람은 절대 성공하지 못한다' 는 것입니다.

기다리지 못하는 사람은 열매를 얻지 못합니다. 일단 울며 씨를 뿌리는 과정을 버텨내야 그다음에 웃으며 곡식 단을 가지고 돌아오는 것입니다. 그것이 하나님이 만드신 원리입니다. 누구도 하나님이 만드신 원리를 뛰어넘을 수는 없습니다. 한두 번은 가능할지 모릅니다. 그러나 지속적인 그래서 완전한 성공은 오직 기다림이 무엇인지 알고 그 기다림을 삶에서 실행시키는 사람의 몫입니다.

그 대표적인 사람이 욥입니다. 욥은 모든 것을 다 잃어버리고 인생의 가장 밑바닥까지 떨어졌습니다. 자신에게 닥친 이 상황을 도저히 이해하고 받아들이기 어려웠습니다. 우리 중 누가 욥과 같은 상황에서 버틸 것이라고 자신하겠습니까? 그러나 욥은 인내하며 하나님을 기다렸습니다. 그래서 어떻게 되었습니까? 결국, 이전에 잃었던 것들을 다 회복하였습니다. 회복 정도가 아닙니다. 잃었던 것의 두 배로 돌려받았습니다. 그는 어떤 상황에서도 하나님을 원망하지 않겠다는 결심을 이행하였고, 그의 기다림은 마침내 하나님의 인정을 받았습니다. 성경은 욥에 대하여 이렇게 증거 합니다.

"보라 인내하는 자를 우리가 복되다 하나니 너희가 욥의 인내를 들었고 그의 결말을 보았거니와 주는 가장 자비하시고 긍휼히 여기시는 이시니라" 야고보서 5:11

우리에게도 욥과 같은 인내가 필요합니다. 위기의 순간, 실망스런 사람들, 예상치 못한 결과 앞에서 기다릴 수 있어야 합니다. 시련은 특정한 사람의 것이 아닙니다. 우리 모두는 그런 위험 앞에 놓여 있습니다. 그 위기 상황을 만날 때 하나님께서 일하실 것을 믿고 기다림을 연습해야 합니다. 그렇지 않으면 쉽게 넘어지게 될 것입니다. 특별히 우리가 살아가는 이 시대는 더욱 그렇습니다. 예전과 달리 예측 불가능한 일들이 더 많이, 더 자주 일어납니다. 이럴 때일수록 자비하시고 긍휼히 여기시는 주님을 믿고 그리스도인으로서 인내를 훈련해야 하는 것입니다.

ⅢⅢ 인내 훈련 1 : 최후 승리를 위하여

복음을 듣고 예수 믿기로 결정한 순간부터 우리를 따라오는 것은 하나님의 자녀가 되었다는 영광만은 아닙니다. 하나님의 자녀가 되었다는 사실이 매우 놀라운 사건이며 감격적이기는 하지만 예수 믿는 것으로 인해 시작되는 시련들도 분명히 있습니다. 그것을 히브리 기자는 '고난의 큰 싸움'이라고 표현합니다.

"전날에 너희가 빛을 받은 후에 고난의 큰 싸움을 견디어 낸 것을 생각하라" 히브리서 10:32

예수 믿으면 누구나 큰 싸움이라고 부를 만한 고난을 통과해야 합니다. 이는 만만한 일이 아닙니다. 때로는 비방을 받고 환란을 당하고 구경거리가 될 수도 있고 여러분의 소유를 빼앗길 수도 있습니다. 초대교회 때 성도들도 예수 믿는 대가를 톡톡히 치렀습니다. 지금은 예수 믿는 것 때문에 손해 본다고 할 수도 없습니다. 기껏해야 조롱을 받거나 따돌림을 당하는 정도지 예수 믿는다고 누가 우리를 죽입니까? 우리의 재산을 송두리째 빼앗아 갑니까? 하지만 그때는 지금과는 비교할 수 없는 대가를 지불하고서야 그리스도인이 될 수 있었습니다. 보통 인내로는 그 시련을 감당할 수 없을 만큼 혹독했습니다. 그리고 그 시련은 생각처럼 빨리 끝나지도 않았습니다.

박해가 가해지는 동안 그리스도인들은 어쩔 수 없이 지하 동굴을 파고 거기서 살아야 했습니다. 지금도 터키 지역을 가면 박해를 피해 그리스도인들이 파 놓은 지하 동굴 유적이 남아 있는데 거의 도시 수준입니다. 그런 지하 동굴을 '데린구유'라고 부르는데 우리말로 하면 깊은 우물이라는 뜻입니다. 터키에만 3만 명을 수용할 수 있는 20층짜리 지하 동굴이 무려 40여 개가 넘습니다. 동굴 안에는 주거 시설부터 교회, 학교, 재판소 등의 시설이 들어서 있습니다. 무슨 말입니까? 동굴 생활이 한두 달에 끝나지 않았다는 것입니다. 거기서 먹고, 자고, 예배도 드리고, 자녀 교육도 시키고, 잘못한 사람들을 재판하는 일도 행했습니다. 박해가 심할 때는 동굴에서 태어나 동굴에서 죽는 사람도 있을 지경이었습니다.

동굴에서 사는 것이 시원하고 좋았을까요? 매우 불편한 일이었습니다. 환기구를 과학적으로 잘 만들기는 했지만 그래도 바깥 공기만 했겠습니까? 습하고 어두침침한 곳에서 호흡기 질환과 뼈를 상하게 하는 질병을 달고 살아야만 했습니다. 지하 도시에 살던 그리스도인들은 바깥이 그리워 질 때마다 환기통로 앞에서 가느다랗게 스며드는 한 줄기 빛으로 서글픈 마음을 달래야 했습니다. 그래도 그들은 지하 도시를 벗어나지 않고 그리스도인으로써 그 모든 고난을 끝까지 참아냈습니다.

지하 도시에서 특히 인상적인 것은 아이들을 가르치는 학교입니다. 이 학교에는 반드시 세례를 베푸는 공간이 함께 있습니다. 학교에서 하나님의 말씀을 가르치고 그 말씀을 교육 받은 아이들이 스스로 그리스도인이 되겠다고 서원하면 세례를 베풀었다고 합니다. 당시 그리스도인들은 어린아이들에게도 인내를 훈련시켰습니다. 그 아이들도 자신들처럼 고난의 큰 싸움을 싸워야 하고 그 싸움을 통과하려면 인내를 훈련해야 했기 때문입니다.

지금도 그리스도인으로 살다보면 뜻하지 않는 고난을 만납니다. 그 고난을 어떻게 통과할 수 있습니까? 하나님의 일하심을 믿으며 끝까지 인내할 때 통과할 수 있습니다. 흔히 '인내는 단내를 맡아본 자의 것'이라고 합니다. 입에서 단내가 날 정도로 연습을 해보지 않고서 그것을 인내라고 할 수 없다는 말입니다. 그래서 인내는 입으로 하는 것이 아니라 몸으로 하는 것입니다. 죽음의 문턱까지 갔다가 와야 인내이고 그런 인내를 통해 하나님의 역사를 경험할 수 있습니다. 욥은 자신을 찾아온 고난 앞에서 "내가 가는 길을 그가 아시나니 그가 나를 단련하신 후에는 내가 순금같이 되어 나오리라"라는 멋있는 고백을 합니다. 이러한 고백은 미리 인내를 연습하지 않고서 절대 나올 수 없는 고백입니다.

우리가 고난의 큰 싸움을 통과하는 동안 하나님은 도대체 무엇을 하고 계실까요? 우리 하나님은 고난의 큰 싸움을 통과하는 우리와 늘 함께하고 있음을 믿으십시오. 이스라엘 백성들은 40년간 광야 생활을 했습니다. 그들이 광야 생활을 하는 동안 하나님의 약속은 항상 유효했습니다. 만약 하나님의 약속이 사라졌다면 그날로 만나는 그쳐버렸을 것입니다. 하나님이 광야 40년간 이스라엘과의 약속을 잊으셨다면 구름 기둥과 불기둥은 사라지고 말았을 것입니다. 그러나 매일 아침마다 내리는 만나, 하루도 빠짐없이 낮과 밤으로 이스라엘 백성들을 인도하던 구름 기둥과 불기둥은 가나안으로 들어가 그 첫 소산을 먹던 날까지 멈추지 않았습니다. 이스라엘 백성들에게 광야 40년은 고난의 큰 싸움이었지만 하나님은 고난당하는 이스라엘 백성들과 함께하셨습니다. 그들과 맺은 약속을 성실하게 지키셨습니다. 그 하나님이 바로 우리의 하나님이며, 우리와 맺은 언약도 성실하게 지키고 계십니다.

IIIII 인내 훈련 2 : 천국의 상급을 위하여

우리가 인내를 연습해야 하는 이유는 하나님께서 약속하신 것을 받기 위함입니다. 하나님의 약속은 우리가 하나님의 뜻을 행한 후에 오는 것입니다. 절대 먼저 오지 않습니다. 하나님의 뜻을 행하는 중에 고난과 연단이 찾아오겠지만, 그것을 이기고 견디면 그 끝에서 하나님이 약속하신 것을 받게 되는 것이 하나님의 방식입니다.

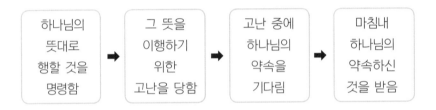

이것은 하나님의 약속이 성취되는 전 과정인데 이 같은 형태는 오늘 본문뿐 아니라 성경 곳곳에 나타납니다. 욥도 그랬고, 아브라함도 그랬고, 수많은 믿음의 사람들이 약속을 기다리며 고난을 견뎠습니다. 어떠한 고난이 찾아와도 그들은 하나님의 약속을 믿고 기다렸습니다. 하나님께서는 우리에게 무조건적인 희생을 요구하시는 분이 아닙니다. 하나님의 뜻을 이행하라는 요구가 과하게 보이더라도 그다음에는 반드시 하나님의 약속이 따라옵니다. 그래서 성도는 상급을 바라보며 기다려야 합니다.

"너희에게 인내가 필요함은 너희가 하나님의 뜻을 행한 후에 약속하신 것을 받기 위함이라" 히브리서 10:36

하나님의 약속 중에 최고의 약속이 무엇일까요? 하나님이 우리와 맺으신 최고의 약속은 '하나님의 나라, 천국'입니다. 하나님께서는 약속을 기다리며 인내하는 자들에게는 천국 소망을 주십니다. 우리가 인내함으로 기다리기만 하면 하나님께서 예비하신 천국은 우리에게 임하게 됩니다. 요한계시록 3장 10절 이하에 '인내하는 자에게는 장차 시험의 때를 면하게 하는 구원의 면류관을 주신다'고 하셨습니다. 이 땅에서의 삶이 다가 아닙니다. 천국이 있습니다. 이 땅에서 여러 가지 시험이 있으나 잘 견디고 이기면 천국을 상급로 받는 것입니다. 그 천국에서 얻는 상급에 비하면 이 땅의 고난은 아무것도 아닙니다.

살아있는 순교자라고 불리는 안이숙 사모님은 평북 선천의 보성여학교 교사로 재직 중에 신사참배를 반대하다가 감옥에 갇히게 되었습니다. 비록 감옥에 갇히는 신세가 되었지만 안이숙 사모님은 절대 후회하지 않았습니다. 도리어 매일 밤을 눈물로 지새웠는데 감옥에 갇힌 것이 힘들어서가 아니라 다시 오실 주님과 들어갈 천국을 생각할 때마다 감격해서 운 것이었습니다. 얼마나 울었는지 추운 날씨에 눈물이 얼어 실명 직전까지 갈 정도였습니다. 그러던 어느 날, 한 여인이 감옥에 들어오는데 고래고래 소리 지릅니다.

"너희들이 날 누군지 알고 나한테 함부로 손대느냐! 죽고 싶냐?"

소리를 지르고 감방 안에 들어와서도 "담배를 가져와라, 술을 가져와라" 소리를 쳐댔습니다. 누군가 봤더니 선화라는 기생이었습니다. 그녀는 평양에서 제일 유명한 기생이었는데 술자리에서 높은 사람들을 접대하며 쌓아 놓은 인맥으로 곧 풀려날 것이라고 큰소리를 쳤습니다. 그런데 몇 날이 지나도 그녀를 구해주러 오는 사람이 없었습니다. 처음에는 죄수들에게 주는 밥도 발로 차 버리던 그녀는 아무도 자기를 구해주러 오지 않자 그만 풀이 죽어버렸습니다.

그때 안이숙 사모님이 선화라는 기생에게 예수님을 전했습니다.

"선화, 예수님 믿어. 왜 인생을 그렇게 험하게 살아. 예수 믿고 천국 가"

그렇게 복음을 전한 후에 안이숙 사모님은 '저 높은 곳을 향하여' 라는 찬송을 불렀습니다. 그런데 그 찬송 소리에 그만 기생 선화의 닫힌 마음이 열렸습니다. 그동안 자신이 얼마나 잘못 살아왔는지 깨닫고 울며 회개하였습니다. 그리고 안이숙 사모님에게 배운 찬송을 함께 부르는데 기생이니 얼마나 노래를 잘했겠어요.

저 높은 곳을 향하여 날마다 나아갑니다

내 뜻과 정성 모아서 날마다 기도합니다

내 주여 내 맘 붙드사 그곳에 있게 하소서

그곳은 빛과 사랑이 언제나 넘치옵니다

구성지게 부르는 선화의 찬송 소리에게 온 감옥 안의 죄수들이 마음에 감동을 받았고 안이숙 사모님은 그들에게 복음을 전하기 바빴습니다. 그리고 얼마 지나지 않아 드디어 기생 선화가 감옥에서 나가는 날이 되었습니다. 그런데 감옥을 나가기 전날 밤, 선화는 기뻐하는 것이 아니라 대성통곡을 하며 울었습니다. 그래서 안이숙 사모님이 "감옥을 나가게 되었는데 왜 이렇게 우느냐"고 물으니 기생 선화가 이렇게 대답을 합니다.

"선생님, 저는 남편이 있는데 그 남편은 사실 제 남편이 아니에요. 남편에게는 훌륭한 부인이 있어요. 제 남편도 소학교 선생이었고, 그 부인도 소학교 선생인데 내가 그분에게서 남편을 **빼앗았어요**."

지금은 선화의 남편이 된 소학교 선생은 선화가 술자리에서 만난 손님이었는데 그만 첫눈에 반해 버렸습니다. 그래서 유부남이라는 사실을 알고 있음에도 불구하고 갖은 방법으로 유혹해서 자기 남편으로 만들었다는 것입니다. 선화를 만나기 전에는 부모님 잘 모시고 열심히 가정을 돌보는 평범한 선생이었는데 그만 자기 같은 사람을 만나 가정이 파탄 나고, 돈을 물 쓰듯 하는 자신을 위해

아편 장사까지 하다가 감옥에 가게 되었다는 이야기를 들려주었습니다. 이제까지는 아무런 죄책감도 없었는데 예수를 믿고 나니 자기가 지금까지 너무나 잘못된 삶을 살았다는 것을 알게 되었다고 고백하며 울고 또 울었습니다.

"선생님, 저는 이 감옥에서 나가면 남편의 부인을 찾아가서 용서를 구할게요. 그리고 남편을 떠나 혼자 시골에 가서 조그만 교회를 짓고 전도하고 아이들에게 찬송을 가르쳐 주며 남은 여생을 살겠습니다."

그렇게 약속을 하고 기생 선화는 감옥을 나갔습니다. 그리고 몇 년 후에 해방을 맞아 안이숙 사모님도 감옥을 나왔습니다. 출옥을 한 후에 여러 교회에서 간증을 해달라는 요청이 있어 여기 저기 다니는 중에 한 시골 마을 교회를 방문하게 되었습니다. 간증을 마치고 나오는데 웬 아주머니가 공손히 인사를 건넸습니다.

"선생님 안녕하세요."

"누구신지요?"

손을 잡고 반갑게 인사는 하는데 암만 봐도 모르는 사람이었습니다.

"저 모르시겠어요? 저 선화예요."

"정말이야? 선화 맞아? 왜 이렇게 변했어?"

반갑게 손을 맞잡은 선화는 예전의 선화가 아니었습니다. 그 곱던 얼굴은 다 어디 갔는지 얼굴은 검게 타고 잡은 손은 거칠기만 했습니다. 감옥에서 나온 바로 그날, 소학교 선생의 부인을 찾아가 사죄를 하고 이 시골 마을로 이사를 와서 낮에는 농사일을 하고 저녁때에는 아이들을 모아서 찬송을 가르치고 전도를 하며 지낸다는 것이었습니다.

선화는 안쓰러운 눈으로 쳐다보는 안이숙 사모님에게 웃으며 말했습니다.

"비단 옷 입고, 목화솜 이불을 덮고 자던 예전보다 훨씬 더 행복해요. 몸은 좀 고되지만 곧 들어갈 천국만 생각하면 너무 행복해요."

우리 중에는 천국의 약속을 위해 이 땅에 편안함과 결별하신 분이 있습니다. 하나님의 자녀답게 살기 위하여 고난을 자초하신 분도 있습니다. 잘하셨습니다. 그리고 약속을 바라보며 나가는 동안 더욱 인내하시고 반드시 승리하시기 바랍니다. 믿음의 여정 끝에 반드시 천국 상급이 기다리고 있을 것입니다.

얼마 전에 남아공 전 대통령 넬슨 만델라가 타계하였습니다. 그의 죽음 앞에 세계가 함께 슬퍼했습니다. 흑인의 인권을 위해 무려 27년간 감옥 생활을 했고 정권을 잡은 후에도 원수 갚는 일에 힘을 쏟지 않고 모두가 함께 공존하는 길을 찾았던 만델라는 이 시대에 참 보기 드문 지도자였습니다. 5년간의 대통령을 마치고 재임하기 위해 무리수를 두지 않고 모든 공직에서 물러나 남아공 국민의 에이즈와 빈곤 퇴치 운동에 전념했습니다. 그는 죽는 순간까지 이 땅에 소망을 두지 않고 하나님의 약속을 바라보며 살았습니다.

만델라가 27년간의 감옥 생활을 마치고 나오던 날, 한 기자가 그에게 물었습니다.

"남들은 5년만 감옥에 있어도 건강을 잃는 경우가 많은데 27년간 감옥생활을 하면서 이렇게 건강 할 수 있는 이유는 무엇입니까?"

그때 그는 이렇게 대답했습니다.

"저는 감옥에서 항상 하나님께 감사를 드렸습니다. 하늘이 보이면 하늘을 보고 감사드리고 땅이 보이면 땅을 보고 감사드렸습니다. 강제노동을 시키면 일할 수 있는 건강주심에 감사했고 독방에 가둬두면 생각할 수 있는 시간을 주신 하나님께 감사를 드렸을 뿐인데 하나님께서는 저에게 건강과 행복을 주셨습니다."

그는 지옥 같은 감옥에 27년이나 있었지만, 하나님의 약속을 바라보고 살았기에 그 감옥 안에서도 천국을 살 수 있었습니다. 혹시 지옥과 같은 삶을 사는 분이 있습니까? 하나님의 천국 약속을 바라보며 이겨내시기 바랍니다. 그렇게 믿음의 삶을 살다보면 지옥이라고 여겼던 모든 환경을 천국 되게 하실 뿐 아니라 때가 되면 모든 환란을 넘어 하나님의 평강으로 인도해 주실 것이라 믿습니다.

위대한 프로권투 선수인 제임스 콜벳은 모든 고난을 이기고 마침내 챔피언의 자리에 오를 수 있었던 비결에 대해 이렇게 말했습니다.

"다시 링의 한복판으로 뛰어들어야 한다면 '한번만 더' 라고 외쳐라. 팔이 너무 아파 들어 올 수 없는 상황이라면 마지막이라고 생각하고 펀치를 뻗어라. 한번만 더 싸우겠다는 정신으로 달려드는 사람은 결코 지지 않는다는 사실을 기억하라"

발명가 에디슨은 성공하는 비결이 무엇이냐는 질문에 "나는 다른 사람들이 그만둔 데서부터 다시 시작합니다."라고 대답했습니다. 그리고 그는 금세기가 낳은 최고의 발명가가 되었고 인류를 유익하게 하는 사람이 되었습니다.

2차 대전에서 영국의 승리를 이끌었던 처칠 수상은 그의 모교를 방문했을 때, "결코 포기하지 말라"는 말을 세 번 외치고 내려왔습니다. 그리고 그 연설은 20세기 가장 훌륭한 연설이 되었습니다.

우리가 종종 듣는 명언 중에 "인내는 쓰고 열매는 달다"는 말이 있습니다. 기다림이란 뼈를 깎는 노력과 같습니다. 그러나 그 뼈를 깎는 노력 다음에 찾아오는 열매는 우리의 모든 수고를 덮기에 충분한 것입니다. 기다림을 지루하게 여기지 마십시오. 기다림의 수고를 헛되이 생각하지 마십시오. 큰 고난의 싸움 중에도 하나님의 약속을 바라보십시오. 그러면 최후 승리는 우리의 것입니다.

저는 육신이 지치고 마음이 힘들 때마다 '주님 약속하신 말씀 위에서'라는 찬송을 부르곤 합니다. 그러면 지쳤던 영과 육이 힘을 얻고 다시 한 번 해보고 싶은 마음이 듭니다. 만일 여러분 중에 지치신 분이 계십니까? 지친 저의 영과 육을 회복시켰던 찬송을 여러분의 고백으로 만들어 다시 일어서시길 원합니다.

주님 약속하신 말씀 위에서 영원토록 주를 찬송하리라
소리 높여 주께 영광 돌리며 약속 믿고 굳게 서리라
굳게 서리 영원하신 말씀 위에 굳게 서리
굳게 서리 그 말씀 위에 굳게 서리라

인생에 어려운 순간이 찾아오면 주저앉지 마십시오. 인내로 이기시기 바랍니다. 우리의 인내를 요구하는 순간순간마다 하나님의 말씀을 기억하십시오. 우리의 기다림은 결국 하나님의 약속으로 끝을 맺는 것입니다. 이 하나님의 약속의 말씀을 믿으시고 끝까지 인내하시기 바랍니다. 고난의 큰 싸움 중에도 하나님의 약속을 기다리며 전진하는 여러분을 하나님이 도우사 넉넉히 이기게 하실 줄 믿습니다.

PART 11

부모를
공경하라

PART 11
부모를
공경하라

IIIII 부모를 공경하고 있는가

전 세계 어린이들을 위해 일하는 유엔 산하기구 유니세프(Unicef)에서 태평양 지역 17개국의 9세에서 17세 사이의 청소년 1만 명에게 '어른들을 존경하는가?'라는 설문을 받은 적이 있었는데 그 결과가 정말 참혹합니다. 우리나라의 청소년들은 단 13%만이 어른을 존경한다고 답했습니다. 이는 조사대상 17개국 중에 꼴찌에 해당하는 결과입니다. 전체 설문 대상자 중에 72%가 어른을 존경한다는 대답을 했는데 이 수치에 비하면 우리나라 청소년들의 상황은 매우 심각한 지경이라 할 수 있습니다.

어떻게 이 나라가 이처럼 예의를 잃은 나라가 된 것입니까? 우리나라는 예전부터 충과 효를 나라의 근간으로 삼는 예의 바른 나라였습니다. 얼마나 웃어른을 공경했는지 길을 가다가도 어른을 만나면 그 자리에 엎드려 절을 했고 어른이 수저를 들기 전에 아랫사람은 수저를 들지 않았습니다. 스승을 얼마나 존경했는지 스승의 그림자도 밟지 않았습니다. 그래서 중국인들은 우리나라를 가리켜 '동방예의지국'이라고 부르기까지 했습니다.

그런데 어느 때부터인가 이런 미덕(美德)은 사라지고 인권이라는 이름 아래 예의를 잃어버린 나라가 되어가고 있습니다. 신문을 펴면 예전에는 상상도 할 수 없었던 일들이 심심치 않게 일어납니다. 자식이 부모를 죽이고, 제자가 스승을 패고, 젊은이가 노인에게 막말하는 막장 사회가 되어가고 있습니다. 그리고 이제는 그런 일들이 하도 자주 일어나니까 신문에 불경한 기사가 나와도 그냥 그러려니 해 버립니다.

오늘날 대한민국의 현실이 왜 이처럼 암담하게 된 것입니까? 어째서 사회 분위기가 이런 방향으로 흐르고 있는 것입니까? 그 이유는 하나밖에 없습니다. 어디서도 공경을 가르치지 않기 때문입니다. 어른을 공경하라고 가르쳐야 할 부모가 공부하는 일이라면 전부 열외를 시켜버리니까 공부는 잘하는데 공경은 모르는 자녀가 나오는 것입니다. 스승의 그림자도 밟지 말라고 했는데 지금 학교에서 왜 스승의 그림자를 밟지 말아야 하는지를 가르치지 않고 지식만 전달하는 학원처럼 교육 시키니까 급속하게 공경이 사라지고 있는 것입니다. 심지어는 교회에서도 공경을 말하지 않습니다. 그래서 이 사회가 이처럼 험악한 사회가 되어가고 있습니다. 영어, 수학만 가르쳤지 올바른 인간이 되는 성품 교육을 무시한 결과를 우리가 지금 톡톡히 당하고 있는 것입니다.

특히 부모들이 각성해야 합니다. 지금처럼 지식만 잔뜩 쌓아주는 것이 자녀를 위하는 것이라고 여기다가 나중에 크게 후회하게 될 것입니다. 판검사 만들어 주는 것이 자녀 사랑 아닙니다. 사람됨을 가르치고 어른 공경하는 성품을 가르치는 것이 먼저입니다. 지금처럼 지식만 쌓아주고 공경을 가르치지 않으면 공경을 배우지 못한 판검사 자녀에게 "아버지가 해준 게 뭐가 있냐고, 창피하니까 엄마는 나서지 말고 가만히 있으라고" 그 잘난 자식에게 재판받게 될 것입니다.

우리 인생의 기준이 무엇입니까? 성경 아닙니까? 성경대로 가르치고 성경대로 살면 직업이 뭐든지 간에 그 인생은 잘 사는 인생입니다. 그런데 그 성경에서 자녀들에게 가르치라고 한 것이 바로 공경입니다. 디모데전서 5장 4절에 "만일 어떤 과부에게 자녀나 손자들이 있거든 그들로 먼저 자기 집에서 효를 행하여 부모에게 보답하기를 배우게 하라 이것이 하나님 앞에 받으실 만한 것이니라."라고 말씀합니다.

하나님은 세상 학문 잘 가르쳐 판검사 만들어 내게 영광이 되어야 한다고 하시지 않았습니다. 웃어른 공경하고 부모 잘 모시는 것이 하나님이 받으실 만한 것이라고 하셨습니다. 하나님께 이상한 거 드리지 마시고 하나님이 받고 싶어 하는 걸 드리십시오. 예전에 "우리 아들이 이번 사법고시에 합격해서 하나님의 영광이 되었으면 좋겠다."고 말씀 하시는 분을 뵌 적이 있습니다. 그런데 정작 그 아들은 교회를 나오지도 않습니다. 예수님이 누구신지도 모릅니다. 그런데 어떻게 하나님께 영광을 돌릴 수 있습니까? 높은 직급에 올라가면 저절로 하나님의 영광이 됩니까? 하나님을 모르는데 세상이 알아주는 사람이 되면 하나님이 좋다고 하시겠습니까? 하나님은 만왕의 왕이시기 때문에 인간이 아무리 높은 직급에 오른다 한들 하나님께 영광이 될 수 없습니다. 하나님의 영광은 오직 하나, 우리가 하나님의 말씀대로 사는 것입니다.

우리 그리스도인들은 사회를 선도하는 세력입니다. 사회가 옳지 않은 방향으로 가고 있을 때 그 방향을 바꾸는 사명이 우리에게 있습니다. 따라서 지금 공경이 사라진 이 사회를 변혁하는 일은 우리 그리스도인들의 몫입니다. 그렇기 때문에 우리가 먼저 공경을 잘 가르쳐야 합니다. 주일학교에서 성품교육 제대로 시켜야 합니다. 이 사회에 예수 믿는 사람들이 먼저 공경이 무엇인지 보여주어야 그들도 우리를 따라올 수 있습니다. 그런데 우리마저 이 세상의 흐름을 따라가면 어떻게 이 사회를 올바른 방향으로 선도 할 수 있겠습니까? 이 시대의 흐름을 따라 공부 가르치는 일에만 열중하지 말고 하나님의 말씀대로 가르쳐야 합니다. 하나님께서 받으실만한 공경을 가르치는 일에 열중하는 부모가 되고, 어른이 되고, 선생이 되시기를 바랍니다.

그러면 우리 자녀들의 인생은 하나님이 책임져 주십니다. 때마다 시마다 하나님만이 주실 수 있는 은혜를 경험하게 하십니다. 열심히 노력했지만, 마지막 자기 노력으로 넘어설 수 없는 한계를 만났을 때 그것을 돌파하는 능력을 주시고 길을 열어주시는 하나님을 만나게 될 것입니다. 하나님 말씀대로 가르치기만 하면 반드시 잘된다고 믿습니다. 그렇게 가르쳐 부모 공경, 어른 공경하는 자녀들이 얼마나 잘되는지를 보여 주어 이 시대가 우리를 따라오도록 하기를 원합니다. 우리 때문에 세상 사람들이 공경이 무엇인지를 알게 되기를 원합니다. 우리로 인하여 이 사회 전체가 어른을 공경하는 공동체로 변화될 수 있기를 소망합니다.

ⅼⅼⅼⅼⅼ 부모를 공경해야 하는 이유 1 : 하나님이 보시기에 옳은 일

하나님은 자녀들이 부모에게 순종하고 어른을 공경하는 것에 대하여 "그것을 해야 한다. 왜냐하면, 그것이 옳기 때문이다."라고 말씀하십니다. 바울 사도는 부모 공경은 옳은 일, 의로운 일이라고 단정 짓습니다. 이 같이 말함은 그것이 하나님의 명령이기 때문입니다. 신명기 5장 16절을 보면 "너는 네 하나님 여호와께서 명령한 대로 네 부모를 공경하라."고 말씀합니다. 우리가 부모를 공경해야 하는 이유는 확실합니다. 부모 공경이 하나님의 명령이며, 하나님이 옳다고 하신 일이기 때문입니다. 두 말이 필요 없습니다. 하나님이 옳다고 하신 일에는 토를 달면 안 됩니다.

우리는 하나님을 섬기라는 계명에 대해서는 무겁게 받아들이는 반면 윤리적인 계명들은 상대적으로 가볍게 받아들이는 경향이 있습니다. 우상숭배하지 말라는 계명과 네 부모를 공경하라는 계명의 차이는 무엇입니까? 차이가 있기나 합니까? 이 두 계명이 서로 다른 분이 말씀하신 것입니까? 아닙니다. 둘 다 하나님이 하신 말씀입니다. 그렇기 때문에 둘 다 똑같이 엄중히 받아야 할 말씀입니다.

우상숭배는 절대 못하지만 부모 공경은 잠시 뒤로 밀어도 된다는 식의 신앙은 온전한 신앙이 아닙니다. 그런 태도는 하나님의 하신 말씀 중 일부를 무시하는 것입니다. 하나님께서 좋아하시겠습니까? 여러분이 자녀들에게 뭔가 지시를 했을 때 그 자녀가 스스로 판단해서 중요한 것과 중요하지 않은 것을 나누고, 따를 것과 무시할 것을 나누어 버린다면 여러분의 기분은 어떨 것 같습니까? 하나님의 말씀은 우리의 판단 대상이 아닙니다. 무조건 따라야 할 말씀입니다. 그것이 하나님의 백성에게 주어진 마땅한 도리입니다.

어떤 분은 상황이 안 되어 공경을 미루고 있다고 말씀하기도 합니다. 사정은 이해가 되지만 그것도 하나님의 뜻은 아닙니다. 사정이 안 되어도 최선을 다하려는 진정성이 필요합니다. 예수님 당시에 '고르반'이라는 나쁜 전통이 있었습니다. 고르반은 '하나님께 드린 선물'이라는 뜻인데 하나님께 드렸기 때문에 부모에게 드릴 것이 없다고 하면서 의무를 벗어나는 못된 관습입니다. 이에 대하여 예수님은 신랄하게 비판을 하십니다.

"너희는 이르되 누구든지 아버지에게나 어머니에게 말하기를 내가 드려 유익하게 할 것이 하나님께 드림이 되었다고 하기만 하면 그 부모를 공경할 것이 없다 하여 너희의 전통으로 하나님의 말씀을 폐하는도다" 마태복음 15:5~6

현대판 고르반에 빠지지 마십시오. 신앙이 좋다는 사람 중에 부모를 공경하지 않으려고 하나님 핑계를 대는 사람이 있습니다. 주일예배 빠질 수 없어 부모님 찾아뵙기가 힘들다고 핑계를 댑니다. 이것은 제4계명을 지키기 위해 제5계명을 어기는 것입니다. 이런 모순이 어디에 있습니까? 계명을 지키기 위해 계명을 범하는 것이 말이 됩니까? 예수님이 이처럼 계명을 지키려다가 계명을 어기는 자들을 향해 외식하는 자라고 비난하셨습니다.

"화 있을진저 외식하는 서기관들과 바리새인들이여 너희가 박하와 회향과 근채의 십일조는 드리되 율법의 더 중한 바 정의와 긍

홀과 믿음은 버렸도다 그러나 이것도 행하고 저것도 버리지 말아야 할지니라" 마태복음 23:23

계명을 지키기 위해 계명을 어기는 모순에 빠진 자들을 향해 예수님의 평가는 '외식하는 자들'이었습니다. 이것도 행하고 저것도 버리지 말아야 그것이 계명을 지키는 것입니다. 교회 일 한다고 부모 섬기기를 뒷전으로 밀어버리는 것은 하나님이 기뻐하시는 일이 아닙니다. 차라리 교회 일을 조금 줄이십시오. 신앙의 균형감을 가지십시오. 그것이 더 하나님께서 원하시는 것입니다.

주의 일을 하고 교회 봉사하고 부모와 친지를 돌보는 일이 너무 벅차다고 생각하십니까? 예수님은 십자가 위에서 고통당하는 순간에도 육신의 어머니를 돌아보셨습니다. 그 십자가의 고통 속에서도 아들을 보며 울고 있는 어머니 마리아를 생각하셨습니다. 그리고 요한에게 어머니 마리아를 부탁하셨습니다. 예수님은 죽음의 경계선에서도 하나님께서 주신 계명의 준수자로 사셨던 것입니다.

"예수께서 자기의 어머니와 사랑하시는 제자가 곁에 서 있는 것을 보시고 자기 어머니께 말씀하시되 여자여 보소서 아들이니 이다 하시고 또 그 제자에게 이르시되 보라 네 어머니라 하신대 그때부터 그 제자가 자기 집에 모시니라" 요한복음 19:26~27

우리가 예수 믿는다고 하면서 부모 돌보기를 거부하고 공경하는 일을 싫어한다면 그는 하나님의 사람이 아닙니다. 제 말이 아닙니다. 하나님의 말씀이 그렇습니다. 디모데전서 5장 8절에 "누구든지 자기 친족 특히 자기 가족을 돌보지 아니하면 믿음을 배반한 자요 불신자보다 더 악한 자니라."라고 서릿발처럼 말씀하십니다. 교회 일 열심히 하면 그것으로 다가 아닙니다. 교회 일은 열심히 하면서 자기 가족을 돌보지 않으면, 특히 연로한 부모를 돌아보지 않으면 그는 믿음을 배반한 자요, 불신자보다 악하다고 하시는 하나님의 말씀을 무섭게 받으십시오.

‖‖‖ 부모를 공경해야 하는 이유 2 : 하나님의 약속이 있는 계명

하나님께서는 부모를 공경하는 자에게 복주시기 원하십니다. 이는 약속이 있는 계명이라고까지 하시면서 하나님의 백성들에게 말씀 그대로 준수하라고 명령하셨습니다. 부모를 공경하는 자녀들에게 주시는 약속이란 무엇입니까? 하나님의 약속은 두 가지인데 첫째는 우리가 부모를 공경하면 우리의 인생이 잘되는 것이고 둘째는 이 땅에서 장수하는 것입니다.

"네 아버지와 어머니를 공경하라 이것은 약속이 있는 첫 계명이니

이로써 네가 잘되고 땅에서 장수하리라" 에베소서 6:2~3

사람들은 누구나 성공하고 싶어 합니다. 저나 여러분이나 잘되는 것을 싫어할 사람은 없습니다. 다 잘 되고 싶어 합니다. 그래서 잘되기 위해 수고의 수고를 다 합니다. 그런데 그토록 노력한다고 다 잘됩니까? 노력했지만 생각처럼 되지 않을 때도 많습니다. 잘되는 것은 우리의 노력의 결과가 아닙니다. 하나님이 허락하셔야 가능한 것입니다. 하나님은 사람의 잘되는 것이 사람의 수고로 되지 않음을 분명하게 말씀합니다.

"여호와께서 집을 세우지 아니하시면 세우는 자의 수고가 헛되며 여호와께서 성을 지키지 아니하시면 파수꾼의 깨어 있음이 헛되도다 너희가 일찍이 일어나고 늦게 누우며 수고의 떡을 먹음이 헛되도다 그러므로 여호와께서 그의 사랑하시는 자에게는 잠을 주시는도다" 시편 127:1~2

하나님께서 언제 우리의 손이 수고한 대로 얻게 하시고 우리의 수고가 부족할지라도 그 부족한 것을 채워 잘되는 인생이 되게 하시겠다고 하십니까? 부모를 공경할 때 그렇게 하시겠다고 말씀하십니다. 이 말씀은 우리가 열심히 노력할지라도 부모를 공경하지 않으면 잘 안 된다는 말입니다. 부모 공경하지 않으면 수고의 대가를 잃어버리게 됩니다. 앞으로는 남는 것 같은데 자꾸 뒤로 밑지는 인생이 되는 것입니다.

일반적으로 사회에서 성공하는 방법은 인간관계에서 성공하는 것이라고 합니다. 사람과의 관계에서 실패한 사람은 성공하기 힘듭니다. 그런데 우리가 살아가면서 가장 많은 시간을 들여 인간관계를 맺는 대상이 누굽니까? 부모입니다. 태어나서 처음 관계를 맺는 사람도 부모요, 가장 많은 시간을 보내는 이도 부모요, 가장 친밀한 관계도 부모와 맺습니다. 그래서 부모와의 관계는 우리가 맺는 모든 인간관계의 기초라 할 수 있습니다. 그런데 기초가 부실하면 어떻게 됩니까? 다른 것들도 부실해집니다. 어떤 분야든지 기본이 안 된 사람은 절대 성공할 수 없습니다. 따라서 부모를 공경하지 않는 사람은 인간관계의 기본이 안 된 사람이고 그런 사람은 절대 잘될 수 없는 것입니다.

여러분이 자녀가 잘되기를 원한다면 세상 학문 가르치는 만큼 부모를 공경하고 어른 존경하는 성품을 훈련시키기 바랍니다. 기본을 갖추도록 양육해야지 그것 없이 이 땅에서 잘될 수 없습니다. 어린 자녀를 두신 분이라면 더더욱 주의를 기울여 가르치십시오. 세 살 버릇 여든까지 간다고 했습니다. 어렸을 때 공경을 가르치면 죽을 때까지 어른을 공경하는 성품을 갖게 되고 그 성품은 하나님을 공경하는 경외심으로 이어지게 됩니다. 하나님을 경외하면 당연히 잘 될 수밖에 없습니다. 시편 128편에 "여호와를 경외하며 그의 길을 걷는 자마다 복이 있도다 네가 네 손이 수고한 대로 먹을 것이라 네가 복되고 형통할 것"이라고 말씀하셨습니다. 하나님 공경, 부모 공경은 수고하면 수고한대로 얻고, 부족하면 은혜로 채워 결국 형통케 하시는 하나님을 경험하게 합니다.

부모를 공경할 때 주시는 두 번째 약속은 장수의 축복입니다. 요즘 사람들이 오래 살려고 얼마나 노력들을 많이 합니까? 몸에 좋다면 닥치는 대로 먹습니다. 뱀이 좋다고 하니까 얼마나 뱀들을 잡아먹는지 뱀들이 잠자다가 끌려갈까 봐 무서워서 겨울잠을 못 잔답니다. 곰쓸개가 좋다고 하니까 한국 곰 다 잡아 먹고 이제는 동남아까지 가서 곰쓸개에다가 빨대를 꽂아 먹는다고 합니다.

그런데 곰쓸개 먹고 뱀 잡아먹는다고 오래 살 것 같습니까? 건강검진 잘 받으면 오래 살 것 같습니까? 천만의 말씀입니다. 시편 36편 9절에 "진실로 생명의 원천이 주께 있사오니 주의 빛 안에서 우리가 빛을 보리이다."라고 말씀하십니다. 생명의 원천이 누구에게 있습니까? 우리 주님께 있는 줄을 말씀대로 믿으시기 바랍니다. 하나님만이 우리를 돕는 이시며 주님만이 우리 생명을 붙들어 주시는 분인 줄 믿으시기 바랍니다.

"하나님은 나를 돕는 이시며 주께서는 내 생명을 붙들어 주시는 이시니 이다" 시편 54:4

불가리스 요구르트 안 먹어도 장수할 수 있습니다. 부모님을 성심으로 공경하십시오. 이는 약속이 있는 첫 계명이라고 말씀하셨습니다. 여러분 중에 인생 빨리 끝내고 싶으신 분 있으면 말씀과 반대로 하시면 됩니다. 하나님은 부모를 공경하지 않는 자녀에게는 저주하실 것이라고 말씀하셨습니다. 잠언 30장 17절에 "아비를 조롱하며 어미 순종하기를 싫어하는 자의 눈은 골짜기의 까마귀에게 쪼이고 독수리 새끼에게 먹히리라"고 무시무시한 말씀을 하십니다. 하나님께서 부모를 함부로 대하는 자녀를 얼마나 싫어하시는지를 단적으로 보여주는 말씀입니다.

부모 공경하지 않다고 객사한 대표적인 사람이 이스라엘의 사사였던 엘리의 두 아들 홉니와 비느하스입니다. 이 두 사람은 행실이 몹시 불량했습니다. 아버지가 제사장이고 자신들도 제사장의 직을 이어 받을 사람이라면 당연히 하나님을 경외하고 아버지에게 순종해야 했는데 그들의 모습은 안하무인이었습니다. 번제를 드리기도 전에 하나님께 올려드리는 고기 중에 자신들이 원하는 부위를 가져가 버렸습니다. 심지어는 회막 문에서 수종 드는 여인들을 겁탈하기까지 했습니다. 그들의 악행을 들은 아버지 엘리는 아들에게 이렇게 경고를 합니다.

"그들에게 이르되 너희가 어찌하여 이런 일을 하느냐 내가 너희의 악행을 이 모든 백성에게서 듣노라 내 아들들아, 그리하지 말라 내게 들리는 소문이 좋지 아니 하니라 너희가 여호와의 백성으로 범죄하게 하는도다" 사무엘상 2:23~24

그러나 아버지의 경고를 듣고도 홉니와 비느하스는 자신들의 행실을 고치지 않았습니다. 그 결과가 어떻게 되었습니까? 블레셋과의 전투에 나갔다가 한 날에 둘 다 죽었습니다. 아들들을 제대로 가르치지 않아 불경한 자녀로 만든 엘리 역시 그 날에 목이 부러져 죽었습니다. 엘리의 며느리도 그 날 애를 낳다가 죽고 그렇게 한 날에 참혹하게 가문의 문을 닫아 버렸습니다. 자녀에게 공경을 제대로 가르치지 않는 부모, 부모의 말을 무시하는 자녀가 어떻게 단명 (短命) 하는지를 제대로 보여준 것입니다.

엘리의 아들들과 다르게 부모를 공경하여 복을 받은 사람도 있습니다. 아브라함의 아들 이삭이 그런 사람입니다. 이삭은 부모를 공경하는 것이 훈련된 사람이었습니다. 이삭이 부모를 공경하는 사람이었다는 증거는 아브라함이 이삭을 모리아 산에서 제물로 바치려고 할 때 드러났습니다. 그때 이삭의 나이는 성경의 여러 정황으로 추정할 때 20세가 넘었던 것으로 보입니다. 20세 이상이면 청년입니다. 게다가 아버지 아브라함은 늘그막에 이삭을 낳았기 때문에 힘없는 노인에 불과했습니다. 이삭은 충분히 힘으로 아버지 아브라함을 제압할 수도 있었습니다. 그러나 그는 아버지 아브라함이 하자는 대로 순종했습니다. 아버지를 믿고 공경하는 마음이 그대로 행동에 묻어 난 것입니다. 그렇게 공경했던 이삭에게 어떤 인생이 펼쳐집니까? 가뭄 중에도 농사를 지으면 100배로 거두는 수확! 들판에서 땅만 파면 펑펑 터지는 우물! 자식을 낳아도 남들은 하나씩 낳는데 한 번에 둘씩 쌍으로 낳는 축복의 사람이 되었습니다. 그 뿐입니까? 180세까지 장수하다가 화해한 두 아들 에서와 야곱의 손에 의지하여 땅에 묻히는 축복을 누렸습니다.

"이삭의 나이가 백팔십 세라 이삭이 나이가 많고 늙어 기운이 다하매 죽어 자기 열조에게로 돌아가니 그의 아들 에서와 야곱이 그를 장사하였더라" 창세기 35:28~29

여러분들도 이삭처럼 이 땅에서 잘되고 장수하다가 천국 가기를 원하신다면 부모를 공경하십시오. 여러분의 자녀들도 이 땅에서 장수하며 형통하기를 원하신다면 공경하는 자녀로 자라게 하십시오. 공경하는 자녀가 되도록 공경을 보여 주세요. 특히 어린 자녀들이 보는 자리에서 부모를 공경하는 모습을 보여 주시기 바랍니다. 백문불여일견(百聞不如一見)이라고 잘 가르치는 좋은 비결은 제대로 보여 주는 것입니다.

　교회 유치부에 다니는 어린 아들이 예배를 마치고 집에 돌아와서 무엇인가를 열심히 외우고 있었습니다. 가만 들어보니 십계명이었습니다. 그런데 제5계명을 외우는데 뭔가 이상했습니다.

　"네 부모를 공격하라. 네 부모를 공격하라"

　그래서 아빠가 "애야, 공격이 아니고 공경이야!"라고 가르쳐 주었습니다. 그러자 아들이 묻습니다.

　"아빠, 공경과 공격이 어떻게 달라요?"

　아빠가 대답합니다.

　"공경은 아빠 말씀을 잘 듣고 사랑하는 거고, 공격은 아빠한테 덤비고 말을 안 듣는 거야"

　그러자 대뜸 아이가 이렇게 말했습니다.

　"그런데 아빠는 왜 할아버지를 공경하지 않고 공격해?" 갈라디아서 6장 7절에 "사람이 무엇으로 심든지 그대로 거두리라."고 말씀합니다. 콩 심으면 콩 나고 팥 심으면 팥 나는 법입니다. 아버지가 공경을 보여주어야 자녀도 공경합니다. 아버지는 공격하는데 자녀가 어찌 공경할 수 있습니까? 좋은 자녀 만들고 싶으십니까? 잘되고 땅에서 장수하는 자녀의 인생을 바라십니까? 공경을 보여 주시기 바랍니다.

남극에는 희귀한 동물인 황제 펭귄이 삽니다. 이 황제 펭귄은 로버트 스콧에 의해 처음 발견된 동물로 새끼 사랑이 매우 특별한 것으로 유명합니다. 황제 펭귄은 딱 하나의 알을 낳는데 혹독한 추위에서 알을 낳아야 하기 때문에 엄마 펭귄은 알을 낳는 동안 체중의 20%가 빠져버릴 만큼 고통을 당합니다. 그렇게 알을 낳은 후에 어미는 아빠 펭귄에게 알을 인계하고 곧바로 바다로 나가 먹이 활동을 합니다. 알을 넘겨받은 아빠 펭귄은 엄마 펭귄이 돌아올 때까지 영하 40도가 넘는 칼바람을 맞으며 알을 품습니다. 무려 2개월을 그렇게 아무것도 먹지 않고 버텨냅니다. 그러는 사이에 알은 부화하여 새끼가 태어납니다. 새끼는 태어나자마자 아빠 펭귄에게 먹을 것을 요구합니다. 그러나 이미 몇 개월이나 굶고 있는 아빠 펭귄은 새끼에게 줄 수 있는 먹이가 없습니다. 새끼가 더 이상 버틸 수 없다고 판단하면 아빠 펭귄은 새끼를 위해 하얀 액체를 토해내어 먹이는데 그것을 '펭귄 밀크'라고 부릅니다. 그런데 이름만 밀크일 뿐이지 그 성분은 아빠 펭귄의 위벽과 식도의 점막을 긁어 만든 것입니다. 아빠 펭귄은 자신의 몸을 깎아 새끼의 생명을 유지 시키는 것입니다.

아빠 펭귄의 체력이 거의 한계점에 도달했을 즈음에 엄마 펭귄이 돌아옵니다. 그제야 아빠 펭귄은 먹이활동을 위해 바다로 나갑니다. 정확하게 자기가 낳은 새끼에게로 돌아온 엄마 펭귄은 처음 만난 새끼를 위해 뱃속에 있는 물고기를 꺼내어 먹입니다. 그리고 그렇게 건강하게 자란 황제 펭귄은 4년이 지나면 자기 부모 펭귄처럼 강추위에 알을 낳고 똑같은 고통의 시간을 거쳐 자신의 새끼를 키웁니다. 이 얼마나 극진한 모성애, 부성애입니까? 사람도 마찬가지입니다. 아버지, 어머니의 사랑을 직접 경험하고 보고 자라면 그런 사랑을 합니다. 공경에 익숙한 자녀가 되는 것입니다. 그리고 그런 자녀는 잘될 것이로되 이 땅에서 장수하며 잘되는 복된 자녀들이 됩니다.

IIIII 고상한 이기주의자가 돼라

교계의 원로이신 손봉호 교수는 그의 책 '고상한 이기주의'에서 "하나님으로부터 받는 상을 바라보고 이웃에게 덕을 끼치는 것은 고상한 이기주의이며 우리는 모두 그런 이기주의자가 되어야 한다."고 역설했습니다. 저 역시 이 말에 동의합니다. 여러분들도 이기주의자가 되십시오. 고상한 이기주의자! 하나님께 받을 상을 바라되 다른 사람들에게 해를 끼치지 않고 그들에게 선한 영향력을 흘려보내는 고상한 이기주의자가 되시기 바랍니다. 하나님도 우리가 고상한 이기주의자가 되기를 원하시리라 믿습니다. 그렇지 않다면 왜 하나님이 조건을 거셨겠습니까? 왜 부모 공경에 잘되고 이 땅에서 장수할 것이라는 약속을 다셨겠습니까?

한 가지 기억하셔야 할 것이 있습니다. 우리가 부모를 공경하여 받는 복은 유통기한 있다는 사실입니다. 부모 공경은 언제나 우리에게 주어지는 기회가 아닙니다. 왜냐하면, 부모는 특별한 경우가 아닌 한 우리보다 먼저 돌아가시기 때문입니다. 옛말에 "부모님 살아 계실 때 효도를 다하라"고 했습니다. 부모님은 우리가 효도할 때까지 기다려 주지 못합니다. 돈 벌면 한다고요? 형편 나아지면요? 돈 벌고 형편 나아졌을 때 우리의 공경을 받을 부모님이 계시지 않다면 우리는 하나님이 허락하신 특별한 기회, 축복의 기회를 잃어버린 것입니다.

부모님이 바라시는 것은 물질적인 것이 아닙니다. 제가 아버지로 세 자녀를 키워보니 알 것 같습니다. 제가 밥 안 먹어도 배부를 때는 내 자녀들이 부모에게 물질적인 선물을 해 올 때가 아니라 하나님의 자녀답게 이 땅을 살아가되 부모의 마음을 헤아리고 부모의 기쁨이 되고자 노력하는 모습을 볼 때입니다. 여러분의 부모님도 똑같으실 것입니다. 따뜻한 말 한 마디, 정성이 담겨 있다고 느낄 수 있는 공경의 태도에 감동하실 것입니다.

"아버지 때문에 용기가 납니다."

"어머니 때문에 행복합니다."

"오래 사세요. 저를 위해 기도해 주세요."

"제 마음은 항상 부모님께 있어요."

아버지, 어머니에게 감사의 말을 하고 때로는 정성이 담긴 선물도 하여 그 모습을 자녀들이 보고 배울 수 있게 하십시오. 그러면 여러분의 공경을 받은 부모님이 기쁘고 행복해서 건강하게 오래 사시게 되고, 부모님을 공경한 여러분은 약속의 말씀대로 이 땅에서 오래 살되 하는 일마다 잘되며 오래 살게 되고, 여러분의 공경을 보고 배운 자녀들도 공경하는 자녀가 되어 대대로 형통의 길을 걷게 될 것입니다.

:: 우리의 도시가 성시될 그날까지

이 책은 거룩한 도시 안산을 위하여 기도하는 중에 하나님께서 내게 주신 비전을 안산동산교회 성도들과 나눈 말씀입니다. 저는 이 말씀을 준비하며 그리스도인들의 희생을 통해 그리스도의 사랑이 증거 되고 그리스도의 푸르고 푸른 날이 내가 사는 도시 안산에 도래하기를 소망했습니다. 이 말씀을 듣는 중에 우리교회 성도들이 작은 예수처럼 살기를 결심하게 해달라고 기도했습니다. 우리 안산동산교회 성도들이 이 도시를 하나님의 도시로 만들어 가는 일에 썩어져 가는 한 알의 밀알이 되기를 간절히 바라며 충심으로 외쳤습니다.

이제 더 소망하기는 이 책을 읽는 그리스도인들마다 그들의 마음에 자신들이 사는 도시를 거룩한 하나님의 도시로 만들어가겠다는 열망이 피어나기를 기대합니다. 패잔병 같이 위축된 그리스도인이 아니라 하나님의 도성을 지키고 확장 시키는 용맹한 주의 군사들이 되기를 원합니다. 그래서 교회는 여전히 세상의 희망이었다는 고백을 많은 이들에게서 듣고 싶습니다.

제가 가장 존경하는 고 김준곤 목사님은 저에게 복음을 심어 주셨을 뿐 아니라 성시화의 유산을 남기셨습니다. 그래서 김준곤 목사님이 생전에 그토록 매진하셨던 '전 교회(Whole Church)가 전 복음(Whole Gospel)을 전 시민(Whole City)에게 전하는 성시화 운동'은 제 평생의 과업이 되었습니다. 피 끓던 젊은 날에 제 마음을 파고 들어온 성시화의 소명은 지난 40년 간 제 중심에서 떠나지 않고 자리 잡았습니다. 엑스플로74를 마치고 시골마을에 불과한 안산으로 내려왔지만 제 마음에는 언제나 고 김준곤 목사님이 남기신 성시화의 열망으로 가득했습니다.

민족의 가슴마다 피 묻은 그리스도를 심어 이 땅에 푸르고 푸른 그리스도의 계절이 오게 하옵소서!

하나님 나라가 이 민족 마음마다, 가정마다, 교회마다, 사회의 구석구석, 금수강산 자연환경에도 임하게 하시고 뜻이 하늘에서처럼 이 땅에서도 이루어지게 하시며, 자아의식이 예수 의식으로 민족의식과 예수 의식이 하나 되게 하옵소서!

이 땅에 태어나는 어린이마다 어머니의 신앙의 탯줄, 기도의 탯줄, 말씀의 핏줄에서 자라게 하시고 집집마다 '이 집의 주인은 예수님'이라고 고백하게 하시고, 기업주들은 '이 회사의 사장은 예수님이고 관리인'이라고 고백하는 민족, 두메마을 우물가의 여인들의 입에서도, 공장의 노동자들, 바다의 선원들의 입에서도 찬송이 터져 나오게 하시고, 각 학교 교실에서 성경이 필수과목처럼 배워지고 국회나 각의가 모일 때도 주의 뜻이 먼저 물어지게 하시고, 국제시장에서 한국산 물건들은 한국인의 신앙과 양심이 으레 보증수표처럼 믿어지는 민족, 여호와를 하나님으로 삼고 예수 그리스도를 주로 삼으며 신구약 성경을 신앙 행위의 표준으로 삼는 민족, 민족의식과 예수 의식이 하나 된 지상 최초의 민족, 그리하여 수십만의 젊은 이들이 예수의 꿈을 꾸고 인류 구원의 환상을 보며 한 손에는 복음을, 다른 한 손에는 사랑을 들고 지구촌 구석구석을 누비는 민족이 되게 하옵소서!

공산 혁명이 휩쓸고 간 폐허의 땅 북한에도, 죄악과 비리와 불의가 난무하는 남한 땅에도 혁명의 개념을 혁명한 예수의 혁명으로, 이 수년 내에 대 부흥이 일어나(합 3:2) 니느웨 성처럼 회개한 민족, 해골 떼가 생명 군대로 부활한(겔 37장) 민족, 성민(聖民) 코리아 되게 하옵소서!

지난 40년, 김준곤 목사님의 기도가 저로 인해 실현되기를 기도하며 내가 사는 이 땅의 변화를 위해 살아왔습니다. 그리스도인의 기초적인 의무를 잘 감당하며 많은 그리스도인들에게 그 사명을 전이

시키는 일이 내 임무라고 믿었습니다. 무엇을 하든지 하고자 하는 일이 내가 사는 이 도시를 변화시키는 일인지에 관심을 쏟았습니다. 저는 하나님이 부르시는 그 날까지 이 사명 앞에 충성을 다할 것입니다. 그리고 제 마음을 뜨겁게 했던 성시화의 사명을 더 뜨겁게 받을 믿음의 동지들이 더 많아지기를 소망하며 오늘도 기도합니다.

이 름	
내가 사는 도시(동네)	
연 락 처	
감명 깊게 읽은 목차 제목	1.
	2.

⠿ 희망의 도시를 만들어 가기 위한, 나의 실천사례를 써 봅시다.

〈실천사례 내용〉

※ 위 사례 내용을 정리하여 사례모음집으로 발간하는 것을 허락합니다.

4